La soberanía colombiana sobre las aguas del Archipiélago de San Andrés y Providencia.
¿Aplicar o no los fallos de la CIJ?

Judith López Estrada; revisión de estilo

ISBN-13: 978-1517141622

9 7 8 - 1 5 1 7 1 4 1 6 2 2

Mapa de fondo de la portada: A. H. Jocelyn,. *Government map of Nicaragua: from the latest surveys ordered by President Patricio Rivas and Genl. William Walker; executed under the supervision of the Señor Fermín Ferrer, Governor of the Western Department, 1856*; New York,1856.

Repositorio digital: Library of Congress; Geography and Map Division Washington, D.C. 20540-4650 USA: Congress Catalog N° 2004629018; http://goo.gl/WDUrAr (22/8/2015).

Un prólogo obligado

El presente trabajo no fue originalmente pensado como un libro. Menos aún su autor tuvo en mente hacerlo público, cosa que decidió por solicitud de múltiples alumnos, colegas y otros más que escucharon o leyeron estos textos.

Lo anterior explica el formato poco convencional del presente libro. Los dos primeros apartados corresponden a sendos conceptos jurídicos relativos a la aguda polémica que emergió luego de hacerse público el fallo de la Corte Internacional de Justicia (CIJ) de noviembre del 2012 que fijó un nuevo límite marítimo entre Colombia y Nicaragua en torno al Archipiélago de San Andrés y Providencia.

Los dos primeros escritos fueron enviados por el autor de *motu proprio* y en fechas diferentes a un ex presidente colombiano que, por derecho propio, es miembro de la Comisión Asesora de Relaciones Exteriores del Gobierno nacional. Ambos textos versan sobre los intereses históricos y posición internacional colombiana en dicho contencioso binacional.

El primero de diciembre del 2012 se redactó cuando se debatían en el país las implicaciones jurídicas de la entonces reciente sentencia de la CIJ que afectaba los derechos históricos colombianos en las aguas marítimas objeto del diferendo. Las consecuencias limítrofes adversas para Colombia de tal fallo –de todos conocidas– ameritaban debatir los antecedentes del litigio, las anomalías del aludido fallo y las opciones de acción viables para el Estado colombiano en un futuro inmediato.

Una vez se hizo explícito el objetivo primordial de la querella nicaragüense subyacente en la demanda entablada ante la CIJ –la construcción de un canal interoceánico en su territorio–, el autor estimó oportuno una segunda reflexión sobre esta nueva circunstancia del pos contencioso de La Haya. Las innegables afectaciones medioambientales al ecosistema de las aguas del Archipiélago en litigio derivadas de la construcción y operación de dicho canal, imponían replantear la estrategia inmediata colombiana respecto del diferendo binacional. Tal fue el contenido del segundo texto de junio del 2014.

La persistencia del gobierno del Presidente Daniel Ortega en proseguir a toda costa con su proyecto canalítico –pese a los repetidos y adversos informes de impacto medioambiental global y fronterizo con Colombia y Costa Rica –, explica la inclusión del tercer texto de agosto de 2015. La catastrófica afectación de la biosfera caribeña derivada de la construcción del inviable canal nicaragüense, permite al Estado colombiano ejecutar legítimamente un plan unilateral precautelar de soberanía en unas aguas históricamente suyas.

i

Para la implementación de este plan nacional existen viejos pero particularmente nuevos precedentes internacionales. El puesto en marcha por la República Popular China en el Mar del Sur y Este anexos a su territorio, es el más relevante respaldo al respecto.

*****

Las aclaraciones anteriores permiten sugerir al lector acercarse a cada uno de dichos textos según su contexto y momento. A estudiantes y colegas de cátedra quizás les resulte interesante leerlos conforme a su cronología original. Ello permitirá constatar que la doctrina jurídica (*opinio juris*), la jurisprudencia y la normativa internacionales (tratados y costumbres) suelen, las más de las veces, modificarse conforme van cambiando los hechos, intereses y circunstancias que las motivan[1].

En lo que concierne a la bibliografía de base, se optó por incluir el enlace digital de las principales fuentes que sustentan cada tema o afirmación. Se pretende facilitar al lector el acceso inmediato a los documentos del caso. No obstante, es probable que con el tiempo algunas de estas fuentes hayan sido descolgadas de la red.

Para un país que ha perdido casi el 50% de su territorio pos colonial, sólo resta desear que a sus actores políticos de turno no les falte ahora la requerida imaginación y audacia para evitar un nuevo e irreversible desmembramiento territorial nacional.

*****

Agradezco la generosidad sin límites de la escritora colombiana Judith López Estrada por su acuciosa revisión de estilo del presente texto. Además, sus oportunas opiniones e incisivos conceptos indujeron aclaraciones y adiciones que mucho beneficiarán tanto a lectores comunes como especializados.

Medellín, abril del 2015

---

[1]) Así lo ha reafirmado la jurisprudencia de la CIJ en varios de sus más sonados fallos empezando por su sentencia de noviembre del 2012 relativa al contencioso objeto de este trabajo. Igualmente, en *Plataforma continental del Mar del Norte* (1967); *Actividades Militares y Paramilitares en y en contra de Nicaragua* (1986), *Plataforma Continental (Tunes c. Libia* (1981); *Caso del Golfo de Maine; EUA c. Canadá* (1986); *Inmunidades jurisdiccionales del Estado, Alemania c. Italia* (2012)); como también en su opinión consultivas *Legalidad de la amenaza o empleo de armas nucleares* (1996). <u>Cf</u>: https://goo.gl/VT6E62 (12/12/2012).

Índice General

TEMA I

Colombia, Nicaragua, la Corte Internacional de Justicia y el Pacto de Bogotá

Medellín, 12 de diciembre de 2012

1

1.1 La situación de hecho

Es preciso señalar que la denuncia por el Estado colombiano del 'Pacto de Bogotá' (PB) no producirá efectos jurídicos inmediatos, ni para Colombia ni para las demás Partes signatarias de dicho tratado[2]. Lo anterior, en particular respecto de Nicaragua en lo que concierne al actual diferendo sobre las aguas del Archipiélago de San Andrés y Providencia. Conforme al mencionado tratado, los deberes y obligaciones subsistirán para todas las Partes contratantes por un año más. Igualmente, tal denuncia no tendrá efecto alguno sobre los procedimientos pendientes iniciados antes de quedar en firme el aviso de denuncia por parte del país. Concretamente, respecto de la sentencia de la CIJ de noviembre pasado.

Es también conocido que la Corte se tomaría entre 4 o 5 años[3] para fallar la acción de 'interpretación' que Colombia decidiese instaurar como Parte insatisfecha con su reciente fallo. Así pues, seguramente no escapará a los asesores del gobierno, finalmente al equipo jurídico que llevará el asunto ante La Haya, que las perspectivas de éxito procesal en pro de una 'interpretación' favorable a Colombia son prácticamente nulas, conforme a los pocos e irrelevantes precedentes de la CIJ al respecto.

---

[2]) Art. LVI, PB http://goo.gl/Epl1Z (12/12/2012).

[3]) En el *Case Concerning Avena and Other Mexican Nationals* (Mexico v. United States of America) [2004] ICJ Rep 12 –que involucraba una sentencia de muerte–, la Corte se tomó casi 5 años para reafirmar su fallo original. Otro caso relevante es *LaGrand Case* (Germany v. United States of America); [2001]; ICJ, Rep.466.
http://ejil.oxfordjournals.org/content/18/2/317.full (2/11/2012).

Lo anterior implica, necesariamente, que el Estado colombiano debería estructurar una doble estrategia, jurídica y política, para justificar y legitimar, ante la comunidad internacional, su eventual decisión de 'no ejecutar' (antes que no 'acatar'), parcial o totalmente, la sentencia de la Corte.

1.2 Una eventual postura política

Políticamente, la decisión colombiana de 'acatar, pero no ejecutar' la sentencia de la CIJ, –conforme fue lo propio durante el régimen colonial hispanoamericano– debería sustentarse en dos estrategias básicas: una, ante Nicaragua y otra ante el resto de la comunidad internacional o al menos frente a los países más cercanos e interesados en dicho contencioso binacional.

Respecto a Nicaragua, debería partirse del supuesto esencial que el asunto de 'ejecutar' una sentencia de la Corte —tal cual es la real naturaleza jurídica de sus fallos–, no es un asunto unilateral, sino estricta y finalmente bilateral. Tal cual es el 'remanente contencioso' nicaragüense-colombiano después de la aludida sentencia de la CIJ y conforme se aduce más adelante, está suficientemente admitido doctrinalmente que, en virtud de la inexistencia real y efectiva de medios coactivos para exigir la ejecución de los fallos de la Corte, sus sentencias concluyen, en la casi generalidad de los casos, a través de un proceso de negociación inter partes pos judicial. Tal tipo de desenlace pos juicio excluye que la ejecución final de esta clase de sentencias sea de tipo unilateral[4].

---

[4]) Para un análisis ilustrativo, en especial respecto de litigios de delimitación de aguas marinas   http://goo.gl/DRUyb8   (3/11/2012). Para el sonado caso *Gabčikovo–Nagymaros* (Hungria v. Checoeslovaquia) http://goo.gl/oGqTo9   (3/11/2012). Para el

Dichos procesos de negociación son, antes que nada, fundamentalmente políticos y suelen depender del alcance de los intereses en juego que, en principio, son esencialmente nacionales. En buen número de ocasiones este tipo de acuerdos involucran intereses extra nacionales, no siempre visibles, particularmente los de tipo económico-trasnacional.

Frente a la comunidad internacional, inicialmente ambas Partes podrían llevar a cabo un denso *lobby* diplomático cuyo primer objetivo buscaría desanimar cualquier insensata confrontación armada que pudieran intentar Nicaragua o Colombia para afirmar por la fuerza los respectivos intereses y derechos posteriores al fallo de la CIJ (art. 51, Carta de la ONU). De verse obligada Colombia a responder a una acción armada de Nicaragua, el gobierno colombiano buscaría neutralizar, mediante veto, una eventual condena del país por parte del Consejo de Seguridad de la ONU[5], conforme lo hizo Nicaragua en 1986 en su conflicto con EUA,

1.3 Una postura jurídica alternativa

Resulta ciertamente curioso que quienes desde diciembre del 2001 diseñaron la estrategia procesal de defensa colombiana ante la CIJ, no hubieran reparado en la 'reserva' que Nicaragua introdujo al momento de firmar (30 de abril de 1948) el 'Pacto de Bogotá, la cual dice textualmente:

"La Delegación de Nicaragua,... desea dejar expresa constancia en el Acta, que ninguna disposición

---

caso *Cambodia v. Tailandia* (Preah Vihear Temple) http://goo.gl/PkAc2Z (3/11/2012).
[5]) Art. 94/2 de la Carta de las NN. UU., de 1945.

contenida en dicho Tratado podrá perjudicar la posición que el Gobierno de Nicaragua tenga asumida respecto a sentencias arbitrales cuya validez haya impugnado basándose en los principios del Derecho Internacional, que claramente permiten impugnar fallos arbitrales que se juzguen nulos o viciados. En consecuencia, la firma de la Delegación de Nicaragua en el Tratado de la referencia, no podrá alegarse como aceptación de fallos arbitrales que Nicaragua haya impugnado y cuya validez no esté definida"[6].

En principio cabría discutir si dicha reserva fue en su momento –y aún continuaría siendo– incompatible con el objeto y fin del Pacto conforme a lo establecido en la Convención de Viena sobre los Tratados multilaterales[7] siendo rechazable sin *caveat* alguna por cualquier de las Partes afectada o afectable por la misma[8]. Por fuera de lo anterior, no habiéndose producido su objeción por Colombia u otra de las Partes, lo cierto es que la reserva nicaragüense continúa teniendo valor jurídico para el país que decida aplicar el principio de reversibilidad.

Esto último por cuanto resulta evidente que Colombia fue uno, sino el principal destinatario de dicha reserva. Implícitamente, hacía referencia a los diferentes laudos arbitrales que circundan la inconclusa política limítrofe nicaragüense. Aunque Colombia eludió sistemáticamente

---

[6]) Art. 54 y 55, PB. http://goo.gl/sE4Jss (3/11/2012).

[7]) Art.19, § a-c. Este principio fue sostenido por la CIJ en su 'opinión consultiva' del 28 de mayo de 1951 relativa a la 'Convención para la prevención y la sanción del delito de genocidio'. http://goo.gl/bhphZZ como por la CDI de las NN. UU. http://goo.gl/ABf277; https://goo.gl/lQJTP5 (12/12)2012.

[8]) http://goo.gl/ABf277 (12/12/2012).

acudir a laudos arbitrales con Nicaragua, la mencionada reserva involucraba el laudo de 1900 proferido por el presidente francés, Emile Loubet en el litigio fronterizo entre Costa Rica y la Colombia 'no mutilada' de entonces. Si bien dicho fallo nunca fue acatado por ambos países, ratificó la soberanía colombiana sobre el archipiélago sanandresano desarticulando de paso las pretensiones explícitas de Panamá sobre tales aguas[9].

Más allá de algunas imprecisiones jurídicas contenidas en la aludida reserva, lo que resulta de vital significado para la actual estrategia de defensa de los derechos históricos colombianos sobre las aguas del archipiélago, son los principios jurídicos internacionales sobre los que Nicaragua dijo basar y continúa fundamentando dicha reserva.

En primer término: *los principios del Derecho Internacional, que claramente permiten impugnar fallos arbitrales que se juzguen nulos o viciados,* siendo de elemental lógica jurídica que lo afirmado respecto de 'fallos arbitrales' cabe aplicarse a 'sentencias judiciales' que decidan las mismas materias y los que, pese su presunto carácter de 'sentencia' –como acontece con los fallos de la CIJ–, son por su origen, naturaleza jurídica-procesal y ejecutoriedad[10], asimilables a meros laudos arbitrales, como se discutirá más adelante.

En segundo lugar, al declarar explícitamente que *la firma* [de] *Nicaragua en el Tratado…, no podrá alegarse como aceptación de fallos arbitrales que Nicaragua haya impugnado y cuya validez no esté definida"* existió y continúa existiendo una

---

[9]) http://goo.gl/bdqYOR (12/12/2012).

[10]) Antes que 'ejecutabilidad' (opción ineludible de cumplimiento de la decisión institucional del caso) como suele distinguirse doctrinalmente en el ámbito del Derecho Administrativo Procesal.

voluntad unilateral nicaragüense para declarar de *motu proprio* –y por fuera del sistema inter americano de soluciones pacíficas–, como nulos o viciados todos los fallos –que no pueden ser sino laudos y sentencias— que afecten sus pretensiones o intereses nacionales, particularmente los de tipo limítrofe-territorial o marítimo.

Por ser esencialmente políticas las bases de la aludida reserva nicaragüense, el contenido y alcance de la misma deben ser evaluados jurídicamente conforme a las fuentes del derecho internacional público aplicables al caso: la 'Convención de Viena' de 1969 (en vigor desde 1980) y subsidiariamente la 'Guía práctica sobre la reservas en los tratados' de la Comisión de Derecho Internacional de la ONU (versión 2011).[11] De modo prioritario, deberán tomarse los principios y normas interamericanas sobre los tratados de tipo regional, en particular la llamada 'regla panamericana mínima', como también el principio de la 'reciprocidad' en la aplicación de las reservas tal como aparecen expresamente en el Pacto de Bogotá.

Así pues, en lo tocante ahora al contencioso sobre el archipiélago caribeño, Colombia pudo y aún puede legítimamente 'reversar' la reserva nicaragüense aplicando los mismos principios reiterados históricamente por Nicaragua frente a Colombia. Para ello, debería elaborarse y defenderse una nueva doctrina jurídica[12] cuya coherencia podría basarse en el contenido y espíritu de dicha reserva. Si bien lo primero tiene que ver con las 'sentencias arbitrales' preexistentes a la firma del Pacto, lo segundo explicita la decisión política nicaragüense de desconocer todo fallo

---

[11]) http://goo.gl/KEQEKS; http://goo.gl/EUdMK5; http://goo.gl/eCGdzT (7/11/2012)
[12]) http://goo.gl/1uCAv8 (7/6/2012)

futuro, tipo 'sentencia', que no concuerde con sus intereses y pretensiones territoriales y reparto de aguas en el archipiélago.

El derecho de reciprocidad que aún subsiste para Colombia para reversar la reserva nicaragüense respecto del actual fallo de la Corte, se apoyaría en los siguientes fundamentos jurídicos:

1) La naturaleza de las obligaciones y derechos consagrados en el Pacto;

2) El carácter excluyente de la opción arbitral dentro del Pacto de Bogotá y que sólo cabría ser activada luego de excusarse la CIJ de conocer y fallar el respectivo asunto litigioso.

Por tanto, la reserva nicaragüense y principios que la sustentan —ya aducidos— permanecen plenos y activos haciendo legítima su reversibilidad por parte de Colombia. Para ello, bastaría que Colombia 'impugne' como 'nula', 'viciada' o sin *validez definida* (esto último, una vez Colombia active la acción de interpretación ante la CIJ) la sentencia de la Corte en lo que resulte desfavorable a los intereses históricos del país. En particular lo tocante al reparto de dichas aguas en torno al archipiélago (cuya soberanía reafirmó la CIJ), como a la exclusión en su fallo de los Cabos de Serranilla y Bajo Nuevo o la no consideración de otros tratados binacionales vigentes de delimitación marítima pertinentes al caso.

Muy probablemente resultaría previsible que Nicaragua desconozca esta interpretación y aplicación de la reserva nicaragüense, cosa que igualmente podría hacer la Corte al optar Colombia por iniciar la anunciada acción de aclaración. En respuesta, el país legítimamente podría adoptar una postura crítica sobre la naturaleza de la jurisdicción de la Corte, pero sobre todo respecto del carácter jurídico de sus 'órdenes' y 'sentencias'.

Conforme a su propia jurisprudencia a partir de su creación en 1948, existe un creciente consenso doctrinal y político internacional sobre el carácter más arbitral que propiamente judicial de la Corte[13]. Dichos cuestionamientos tienen que ver con:

1) La naturaleza eminentemente 'voluntaria' de su competencia, siendo 'obligatoria (compulsoria) cuando se encuentre pactada expresamente en tratados internacionales y sólo respecto de las partes signatarias de estos y sólo respecto de casos concretos[14]. No obstante, en tales casos como sucede con el actual litigio nicaragüense-colombiano, la aceptación previa de este compromiso por las Partes dentro de un tratado –cuya naturaleza jurídica es por esencia un contrato– equivale a una 'cláusula compromisoria', fuente primordial de todo procedimiento arbitral, público o privado.

2) La activación de cualquier procedimiento arbitral inter estatal, como poner en marcha la jurisdiccional de la Corte, supone la no existencia de algún proceso abierto y pendiente de fallo respecto del asunto litigioso (ausencia de *litispendencia*);

3) Pero de forma más relevante, las sentencias de la CIJ como los laudos arbitrales que deciden litigios inter estatales, particularmente de tipo fronterizo, carecen de medios idóneos y eficaces de coercitividad internacional

---

[13]) https://goo.gl/Tce6w1 (p.3; 10 y 10) (21/11/2012).
[14]) Art. 34 § 1; 35 § 1-2; 36 § 1 y 6; art. 59; Estatuto CIJ   http://goo.gl/ooSPS (21/11/2012).

para exigir la ejecución de tales fallos, habiendo optado la jurisprudencia de la Corte por calificarlos de 'auto-ejecutables';

4) Una vez quedan en firme los fallos de la CIJ que involucren cambios en los límites territoriales o marítimos de las Partes, existirá siempre una necesidad –tanto política como jurídica– de 'constitucionalizar' posteriormente –conforme sucede con fallos arbitrales similares–, la referida sentencia[15]. En la generalidad de los casos supone insoslayablemente la suscripción de un nuevo tratado bilateral entre las Partes que materialice los nuevos límites fijados por la Corte. Cabe añadir que cualquier decisión judicial o arbitral externa que modifique los límites entre Estados es un fenómeno de 'suma cero' y por lo mismo la 'regla constitucional' aquí aducida impondrá por parejo la necesidad de constitucionalizar la sentencia o laudo de que se trate.

Lo anterior supone un proceso político interno (aprobación por los Congresos nacionales) como judicial (visto bueno por las Cortes –Suprema o Constitucionales– del caso) del tratado en cuestión que deberá luego ser ratificado por las Partes implicadas. La falta de voluntad política interna, el rechazo o aprobación apenas parcial del Tratado, su declaratoria de inconstitucionalidad como la no ratificación del instrumento del caso convierte los fallos de la CIJ que definen límites territoriales o

---

[15]) La mayoría de las constituciones nacionales definen como un atributo esencial del Estado los límites territoriales de cada país, estatuyéndose que es privativo de la Nación –mediante el voto calificado o simplemente mayoritario de sus representantes políticos– la modificación de los mismos; en particular de los tratados o laudos arbitrales internacionales mediante los cuales se consuma una modificación de los límites y fronteras nacionales. Así lo estatuye el art. 101 de la Constitución Política colombiana y el art. 10 § 1 y 2 de la Constitución Política de la República de Nicaragua.

marítimos en meramente 'provisionales'; esto es en meramente aleatorios y sin mayor poder vinculante que no sea el que finalmente le otorguen las Partes involucradas. En buen número de casos la CIJ se ha contentando con proponer delimitaciones marítimas apenas provisionales[16]

1.4 ¿Negociar para poder ejecutar?

Por lo tanto, una no ejecución bien sustentada jurídicamente de una sentencia de la CIJ que ha sido acatada por la Parte no conforme con uno de sus fallos, no será nunca un incumplimiento de los deberes internacionales de un Estado y menos aún resultaría ser una 'rebeldía' o un mero 'pataleo' político antes que propiamente jurídico.

La anterior posición se apoya en múltiples consensos doctrinales existentes en lo que se refiere a su estatus institucional, en particular el número creciente de sus fallos y órdenes que son rechazadas o simplemente incumplidas, total o parcialmente[17]. La siguiente es una muestra de los argumentos en este sentido:

1) Los fallos de la CIJ, particularmente los que deciden conflictos territorial-fronterizos o medio ambientales, son repetidamente calificados como políticos antes que jurídicos. Se repite que la Corte suele optar

---

[16]) Es lo que aconteció en *Maritime Delimitation in the Black Sea (Romania v. Ukrania.)*, Judgment, 2009 ICJ., 61 (Feb. 3) ha sucedido recientemente en el contencioso entre Perú y Chile https://goo.gl/CMysxP (12/03/2016). Crfiterio similar suele utilizar el Tribunal Internacional para el Derecho del Mar, p.e., *Dispute concerning delimitation of the maritime boundary between Bangladesh and Myanmar in the Bay of Bengal (Bangladesh/Myanmar)* https://goo.gl/vOBrbK (12/12/2015).

[17]) http://goo.gl/dJQa3y (12/15/2012).

frecuentemente por fallos supuestamente 'salomónicos' (o vacíos), finalmente una vía para evitar fallos *non liquet* que, al pretender dejar satisfechas a ambas Partes, poco o nada resuelven[18]. Esto último ha resultado una práctica reiterada tratándose de fallos sobre delimitación de límites internaciones, tanto territoriales pero sobre todo marítimos que, como tales, involucran un dilema decisorio tipo 'suma cero' respecto de los que la CIJ debe fallar siempre para evitar el *bias* de fallos *non liquet* así finalmente caiga en el extremo opuesto de producir fallos inaplicables cuando no *non licet*.

En efecto, una vez la Sala decide sobre su competencia para conocer y fallar sobre el fondo de la materia objeto de disputa inter estatal, debe pronunciarse en derecho conforme lo ordena su Estatuto (art. 38). Tratándose de fijar fronteras y repartir territorios o aguas internacionales, lo que la Corte quita a una de las Partes debe darlo a su Contraparte, lo que configura un juego decisional de 'suma cero'. No es otra cosa lo que se decide cuando se tiran o dibujan líneas que reparten territorio o aguas internacionales. Al fin de cuentas la Corte tiene que resolver el 'dilema –tensión- decisorio' de tener que 'adjudicar' (fallar para evitar un fallo nulo o *non liquet*) y hacerlo basado en las fuentes que perentoriamente le señala su Estatuto. Sin embargo, tratándose de delimitaciones limítrofes internacionales la Corte prescindió de las mismas y optó por fallar en torno a un cuestionable principio 'voluntarista' o 'subjetivo' de 'equi-proporcionalidad' situando sus fallos por encima de los tratados, costumbre y doctrina internacionales;

---

[18]) http://goo.gl/i9OS5y;http://goo.gl/9WrAc3;http://goo.gl/dTkmRm; https://goo.gl/lqCKCD (12/12/2012)

obiter dictum que como ya se advirtió terminan siendo sentencias *non licet* haciendo sus fallos inejecutables o inaplicables a criterio de las Partes[19].

2) El reiterado desconocimiento por parte de la Corte de tratados bilaterales –y en su caso multilaterales– y también de algunos principios históricos (tales como el *uti possidetis iure*) en aquellos procesos concernientes a la delimitación de aguas marítimas[20]. Esta fue en esencia la resolución de la CIJ en el diferendo nicaragüense-colombiano y de seguro lo será en el caso, aún *sub iudice*, entre Perú y Chile[21]. Antes que proferir fallos *ex aequo et bono* propios de la tradición jurídico-continental, la CIJ ha optado por fallos *infra legem* propios del sistema anglosajón de la *equity*. En tal virtud la Corte se auto arrogó así una competencia jurisdiccional supranacional, en esencia subjetiva antes que objetiva[22]. Al fallar conforme a principios de equidad y no de justicia, una vez más la CIJ suele actuar más como un tribunal arbitral antes que como una corte propiamente judicial[23].

Como es propio de los casos en los que preexisten derechos históricos sobre aguas en disputa –como acontece respecto de Colombia y Nicaragua– y no teniendo nada que perder la Parte demandante –antes bien, cualquier adjudicación a su favor será siempre

---

[19]) http://goo.gl/amDvVZ; http://goo.gl/cflQEB (12/15/2012).

[20]) http://goo.gl/rHo2Pb (12/11/2012); https://goo.gl/G0XrJZ (p.13, 31, 95, 97, 98, 279) (12/11/2012).

[21]) Lo fue a la fecha de este escribirse este apartado. Sin embargo, esta presunción fue confirmada por el fallo de la CIJ del 27 de enero del 2014 en la que la Corte, siguiendo su criterio de justicia equiproporcional otorgó al Perú 50 mil km2 más de mar territorial. http://goo.gl/eSGwa8 (12/11/2012).

[22]) http://goo.gl/og3XKp, http://goo.gl/3mkV5u (12/11/2012).

[23]) http://goo.gl/vQmT6Y (p.vi, 2, 10,14, 15,32,72). Un caso emblemático: *Burkina Faso and the Republic of Mali*; 22 December 1986. http://goo.gl/U2Qv9J (12/11/2012).

simple y pura ganancia–, resultan todavía menos justificados e inaplicables los aludidos criterios *infra legem*.

Por todo lo anterior, luego de 67 años de una jurisprudencia errática, para la doctrina jurídica internacional aparece cada vez más claro que cualquier fallo de la Corte en tales materias será siempre fruto del albur. Tal tipo de resultados judiciales no es muy diferente a que las Partes hubiesen preferido decidir el asunto a través de una mera suerte de dados.

3) Concordante con esta forma de ejercer su competencia, la Corte suele suscitar nuevas controversias inter estatales posteriores a sus fallos. Con ello prolonga las situaciones de inseguridad jurídica internacional preexistentes. Así, de modo repetido, la CIJ somete la ejecución de sus fallos a largos y costosos procesos de negociación político-diplomática pos judicial.

4) En lo concerniente a fallos limítrofes que involucran más de dos Estados –en particular tratándose de terceros no Partes del proceso–, la Corte ha optado por ignorar los otros 'pares de intereses' en juego. Por fuerza y tratándose de actores que no son parte del respectivo proceso, la Corte ha reiterado ignorar los tratados de límites vigentes entre las Partes y los aludidos terceros fronterizos. Fue esto lo que hizo la CIJ recientemente respecto de los tratados preexistentes entre Colombia con Panamá, Costa Rica, Honduras y Jamaica[24]. El 4 de mayo del 2011 la Corte rechazó la petición de Costa Rica de hacerse parte del proceso, El 4 de mayo del 2011 la Corte

---

[24]) https://goo.gl/Tce6w1 pp. 41, 69, 87, 91, 132,150 y en lo tocante al diferendo con Nicaragua, la página 195.

nuevamente rechazó la petición similar de Honduras. En mabos casos, adujo que ambos países *...no había*[n] *demostrado tener un interés de carácter jurídico que pudiera ser afectado por la decisión de la Corte en el procedimiento principal*[25].

5) En último término, las bien conocidas y admitidas prácticas del *lobby* que se ejercen abiertamente en los pasillos del 'Palacio de la Paz' permiten la entrada en juego tanto de intereses políticos como económico-trasnacionales ajenos a la materia objeto de controversia[26]. La errática jurisprudencia de la CIJ en los casos medioambientales determinantes de una innegable afectación climática como también su no menos volubles fallos relativos a la delimitación de límites marítimos dejan entrever un manifiesto juego de altos intereses económico y políticos[27] de tipo trasnacional[28]

1.5 ¿De qué se trata?

Si el gobierno colombiano decide no ejecutar parcialmente la sentencia de la Corte reversando la aludida reserva nicaragüense al Pacto de Bogotá, se resolverían varios puntos críticos de los que podría adolecer la actual postura colombiana respecto de dicho fallo:

1) Si el gobierno colombiano interpusiera la 'instancia de aclaración' podría alegar en la sustentación de dicho recurso su derecho a aplicar en esa instancia la reversa de

---

[25]) http://goo.gl/m184K2 p.239 y 249 (20/8/2015).

[26]) Proceso que empieza con la elección de los jueces de la CIJ. http://goo.gl/Pr2m9L; https://goo.gl/1J5z90 p.92 (23/12/2014).

[27]) http://goo.gl/vxOB51 (23/12/2014).

[28]) http://goo.gl/akpu1q (23/12/2014).

la aludida reserva nicaragüense. Consecuentemente, la Corte debería aceptar la potestad colombiana para aplicar tal reversión absteniéndose de exigir a Colombia la ejecución de su fallo anterior. Colombia alegaría y la CIJ aceptaría que se trataría de un 'hecho nuevo' que su gobierno de por sí no podía haber alegado –y menos aplicar– antes de conocerse y quedar en firme el fallo desfavorable sobre el fondo de la demanda nicaragüense que mutiló el territorio marítimo colombiano en el Archipiélago.

2) Lo atrás afirmado no implica en sí una contradicción jurídica irresoluble pues fue precisamente el Pacto de Bogotá el que a la vez otorgó competencia a la Corte para fallar sobre el fondo de la petición nicaragüense como también el que faculta ahora a Colombia a no aplicar –sin desacatar– el fallo original de la CIJ. Así pues, lo que Colombia no podía pedir durante el proceso, la Corte menos estaba obligada a considerarlo en su juzgamiento anterior. Por lo tanto la CIJ podría aceptar como procedente estudiar, con ocasión del recurso de aclaración, la validez y oportunidad del derecho colombiano a aplicar la reserva nicaragüense sin menoscabo de la validez de su sentencia.

3) De decidir el gobierno colombiano no interponer la 'instancia de aclaración' del fallo de noviembre del 2012, muy seguramente podría suponerse que el gobierno de Nicaragua esperaría hasta la víspera del vencimiento del año de 'cuarentena' de obligada permanencia de Colombia en el Pacto de Bogotá para entablar cualquier nueva 'instancia' dirigida a exigir a Colombia el pleno cumplimiento de la sentencia de la CIJ. De darse esta eventualidad el gobierno colombiano podría argüir

legítimamente que su derecho a aplicar tal reversa no se extingue en la medida en que al momento de la actuación nicaragüense estaba vigente dicha prerrogativa para el Estado colombiano. Esto es, que la decisión táctica nicaragüense de esperar hasta al máximo el vencimiento del término previsto en el Pacto prorrogaría automáticamente la potestad colombiana de defenderse como estuvo previsto en dicho Tratado. Mal podría aceptarse que el país demandado careciese de un recurso legítimo de defensa jurídico-internacional cuando su contraparte si lo tuvo y usó a su antojo. No sólo tratándose de la CIJ sino de cualquier otra instancia jurisdiccional a la que acudiese Nicaragua con dicha argucia procesal, emergería tácitamente la figura del *forum prorogatum* conforme con la jurisprudencia propia de dicha Corte[29].

Dado que la Convención de Viena sobre los Tratados de 1969 estableció la divisibilidad de los tratados en cuanto a su denuncia o retiro[30], Colombia tendría la posibilidad de denunciar expresamente el artículo 5° del Pacto relativo a la obligación de acudir a la CIJ en caso de fracasar las negociaciones directas sobre el asunto objeto de controversia. En este caso concreto por tratarse o bien de un asunto ya resuelto mediante acuerdo previo (Tratado Esguerra Bárcenas de 1928) o bien por ser la materia en su 'esencia objeto de la jurisdicción interna del Estado' como es la fijación o modificación constitucional de sus límites geográficos. Denunciado o no, total o parcialmente el Pacto por Colombia conforme a las dos causales previstas

---

[29]) Caso *Djibouti c. France*, sentencia del 4 de junio del 2008. http://goo.gl/Quw8ES y http://goo.gl/0M82FM (13/11/2015).

30) Art. 57 en concordancia con el 44 §1 a 3 de la Convención de Viena de 1969.

anteriormente, tal decisión implicaría tácitamente un desconocimiento legítimo por Colombia de la jurisdicción de la Corte respecto de cualquier nueva querella en su contra interpuesta en La Haya durante la vigencia del aludido 'año de cuarentena' (artículo 56).

En síntesis, la estrategia jurídica aquí propuesta cambiaría sustancialmente el estatus jurídico-político de Colombia en lo que concierne a la aplicación o no del primer fallo de la CIJ. El país pasaría de acusado a negociador protagónico del diferendo, tal cual ha sido su posición centenaria en la controversia limítrofe con Nicaragua.

1.6 ¿Qué negociar?

Conforme al compromiso pactado en Ciudad de México el 1° de diciembre del 2012 por los presidentes de Nicaragua y Colombia ambos países renunciaron a recurrir al uso de la fuerza para la solución del inconcluso diferendo. Por lo mismo, una vez Colombia haga explícita su decisión de no ejecutar parcialmente el fallo de la Corte, ambos países estarán obligados a poner en marcha alguno de los medios alternativos de solución pacífica del conflicto. Esto último equivaldría a que Nicaragua no hubiera adelantado el proceso de demanda ante la CIJ.

Sin embargo, tal cual los antecedentes de la posición histórica nicaragüense a partir de 1979-1980[31], como la eventual decisión colombiana de reversar la reserva de Nicaragua al Pacto de Bogotá (que de por sí excluye las opciones arbitral y la mediación), sólo quedaría como alternativa viable y realista la negociación directa bilateral.

---

[31]) Ley de plataforma continental y mar adyacente y decreto de nulidad e invalidez del tratado Bárcenas Meneses-Esguerra de 1928-1930.

Eventualmente dicho proceso estaría apoyado por los buenos oficios de terceros y oportunos componedores que faciliten y enruten tal proceso de negociación. Esta pretensión muy seguramente subyace en el intenso *lobby* diplomático que, muy probablemente, ambos países han puesto ya en marcha siendo susceptible pensar en países amigos de uno y otro gobierno como serían Cuba, Venezuela, Brasil o Chile.

Contra lo que sería dado pensar, buena parte de la sentencia de la Corte en cuanto a la ejecución de su fallo deja un amplio margen para lograr una efectiva y realista negociación bilateral. En efecto, la Corte dejó abiertos los dos principales elementos que deberían circunscribir esta pretendida negociación binacional.

En tal sentido los parámetros de este proceso negociador podrían ser:

1) De entrada las Partes deberían excluir cualquier discusión sobre los 'principios jurídicos' que fundamentarían tal negociación, en particular, el *uti possedetis* (de *iure* o de *facto*) o el rechazo de la *frontera natural*[32] (como proyección geo morfológica originadora de plataforma continental). No obstante, el complejo principio de la *equidad finalista* como 'objetivo práctico' de la delimitación –que tanto prima en las recientes demarcaciones de fronteras marítimas por parte de la Corte– bien podría ser rescatado como objetivo último de la negociación.

2) Así también, poco o nada se avanzaría en tal proceso negociador de reiniciarse el debate respecto de los

---

[32]) http://goo.gl/9N73CF; https://goo.gl/l2Qb7o; http://goo.gl/ZiCZWB (14/9/2012),

'métodos' utilizables para pactar la nueva demarcación de esta frontera marítima; en especial la utilización o no de un nuevo *meridiano* y *línea recta* (meridiano 82° del tratado Bárcenas-Esguerra). Tampoco sería pertinente recurrir a la búsqueda de una *línea media* o nuevas *proyecciones de equidistancia*; ejercicios que, a fin de cuentas, reducirían la negociación a un doble e inconcluso monólogo en torno a diseños de coordenadas meramente geométricas, tal cual lo hizo la Corte para sustentar su fallo.

3) Muy probablemente, la única opción realista de negociación que buscase escenificar una ejecución consensuada de los criterios básicos subyacentes en la sentencia de la Corte ('equidad teleológica' o finalista y 'circunstancias pertinentes, antes que 'especiales'), sería pactar, a partir de la demarcación trapezoidal-prisma adoptada en el aludido fallo, una *zona de administración conjunta* de tales aguas y cuyo precedente inmediato se encuentra en el tratado de 1993 entre Colombia y Jamaica.

4) Siendo dado suponer la exigencia colombiana de incluir en la nueva demarcación los cayos de Serranilla y Bajo Nuevo y los tratados de demarcación marítima pre existentes con otros Estados caribeños que afecten la pretendida 'zona de administración común', el área resultante estaría conformada por una integral de múltiples elipses construidas a partir de las respectivas 'líneas bases' propias a las islas, islotes, cayos o promontorios más exteriores de cada país. Tal tipo de opción utilizaría un método mixto demarcatorio similar al conocido como *equiratio*[33], reputado como más flexible,

---

[33]) http://goo.gl/JSGCxV; https://goo.gl/0sdoWV http://goo.gl/RhLaKS (18/11/2012)

práctico y supuestamente más equitativo que el utilizado por la Corte.

5) Políticamente, tal arreglo supondría posponer por un plazo fijo –preferentemente no mayor a 20 años– un acuerdo definitivo sobre tal frontera marítima binacional. Con ello, ambos gobiernos comparecerían ante sus respectivas opiniones públicas sin haber renunciado o cedido soberanía nacional alguna.

6) Consecuentemente, quedaría explícita una mutua voluntad política binacional para anteponer 'circunstancias pertinentes y especiales a la vez' que no tuvo en cuenta la Corte en su fallo. Tales serían, entre otros, los criterios políticos que primarían en la gestión y protección conjunta en el uso (pesca y transporte, en particular), exploración y explotación de las aguas y riquezas (corales *sui generis*) subyacentes en los fondos marinos involucrados.

7) Concretamente, ambos países asumirían la adopción y ejecución de principios globales trans nacionales y trans generacionales tales como la 'prevención' y la 'precaución' ecológica-medio ambiental, vitales para los territorios y pueblos 'originarios', objeto de la zona de administración conjunta. Tal pretensión impondría a ambos países rescindir cualquier concesión de exploración de hidrocarburos ya concedida, así como renunciar a hacerlo unilateralmente en el futuro[34].

8) Este tipo de acuerdo supondrá, necesariamente, la adopción de un marco binacional, institucional y de competencias regulatorias, similar a los que, con tanto

---

[34]) https://goo.gl/iFFnVF; http://goo.gl/vrFVIv; http://goo.gl/pd71PJ (13/9/2012)

éxito, han implementado en el continente, entre otros, los Estados Unidos-Canadá y en su caso, Argentina-Uruguay para el manejo de sus fronteras fluviales compartidas. En especial, el modelo estadounidense-canadiense aporta mecanismos muy precisos de consulta y participación de la ciudadanía activa fronteriza de ambos países.

9) Para el caso colombiano, este último criterio aparece como esencial al marco social, económico y político que subyace en las relaciones entre el gobierno central e isleño y como tal tipificador de una nueva *circunstancia especial* y *pertinente* a la demarcación aún pendiente. Al permitir la injerencia y participación activa de la ciudadanía del archipiélago en la gestión y explotación de su espacio ecológico-medioambiental, se generarían dinámicas de responsabilidad cívica, largamente reclamadas por tales poblaciones.

10) Y desde luego, implicaría un compromiso binacional muy concreto de vigilancia y persecución de actividades delictivas transnacionales, narcotráfico en particular.

11) Colombia podría plantearse si la pretensión de pactar dicha 'zona común' binacional cabría ser propuesta, tanto respecto del área cuya delimitación se pospone como, alternativamente, respecto de la periferia de la misma. Esto último podría acordarse al momento de definir las competencias asignables al ente binacional administrador de tal 'zona común'. Con ello, prácticamente extendería el acuerdo objeto de administración binacional hasta las playas mismas nicaragüenses y sanandresanas.

1.7 Una penúltima reflexión

Las atrás mencionadas inconsecuencia e ineficacia institucional de la CIJ —denunciadas abiertamente en 1992 por el entonces Secretario General de la ONU Boutros-Ghali— permitirían a Colombia reabrir al menos dos debates internacionales:

1) La necesidad de una reforma sustancial de la CIJ o, alternativamente, la creación de diferentes cortes de justicia regionales, la interamericana en particular, que aunque sea creada dentro del sistema interamericano muy seguramente terminaría siendo meramente latinoamericana. El caso del 'Tribunal de Justicia de la Unión Europea' y el éxito de la 'Corte Interamericana de los Derechos Humanos' resultan dos precedentes estimulante en tal sentido[35].

La pretensión de crear una Corte Interamericana de Justicia resultaría concordante con la alternativa de acordar una 'zona de administración compartida' como solución al actual diferendo nicaragüense-colombiano. La solución de las eventuales controversias que surjan durante la aplicación del estatuto de administración conjunta de las aguas binacionales supondría remitir a la jurisdicción de tal Corte Interamericana la solución de dichas controversias.

2) Pero, igualmente, la propuesta de crear una Corte Interamericana de Justicia reabre el debate sobre las tantas veces pospuestas reformas del Pacto de Bogotá reclamada perentoriamente desde marzo del 2000 por la

---

[35]) Para un resumen del desengrudamiento judicial internacional http://goo.gl/gar2AM (12/15/2012).

Comisión de Seguridad Hemisférica de la OEA. El retiro de Colombia de dicho Pacto no impediría que el país efectuase una activa contribución a tal proyecto hemisférico. En últimas la propuesta Corte Interamericana de Justicia sustituiría a la CIJ (art. 5°) como instancia última para la solución de conflictos entre los signatarios del Pacto. Con ello se lograría que los procesos que resuelvan conflictos y controversias entre los Estados interamericanos se lleven a cabo por jueces de la región y acordes con los principios, doctrina, costumbre y modos procedimentales propios de la tradición jurídica americana.

Ambos debates bien podrían sustentar la agenda del intenso *lobby* diplomático que el actual gobierno colombiano está ahora ineludiblemente abocado a ejecutar. Con ello, Colombia mostraría a la opinión internacional, inter americana en particular, que su desconocimiento inicial de la jurisdicción de la CIJ para juzgar y fallar el diferendo sobre las aguas del Archipiélago[36] y su posterior retiro del Pacto de Bogotá, no tuvieron por objeto exclusivo substraerse de la vía jurisdiccional como última instancia para la solución de controversias o disputas con sus socios americanos, conforme ha sido su centenaria vocación jurídica internacional.

---

[36]) En realidad lo que hizo el Estado colombiano el 5 de diciembre de 2001 (la víspera de la introducción de la demanda nicaragüenses) fue retirar sus anteriores declaraciones (1932, 1937) de aceptación de la jurisdicción obligatoria de la Corte. La postura posterior colombiana al justificar la no aplicación del fallo de noviembre del 2012 resultó totalmente contradictoria con la antes aludida declaración de rechazo y permanecía hasta el final como Parte activa del proceso cuyo fallo resultó parcialmente contrario a sus pretensiones http://goo.gl/3S4Dq3; https://goo.gl/wD5b6G (/13/11/2014).

TEMA II

El diferendo de aguas en San Andrés con Nicaragua y el proyecto del 'Gran Canal chino-nicaragüense

(Un desafío a la geo estrategia colombiana del siglo XXI)

Guadalajara, México, junio del 2014.

2.1-Antecedentes

El convenio de asociación entre el gobierno de Nicaragua con la *Nicaragua Canal Development Investment Co. Limited (HKND Group)*[37] demostró la decisión de este gobierno centroamericano, anunciada desde 2001, de poner en marcha la construcción de un canal interoceánico; ahora en asocio con una empresa que inicialmente aparece como chino-hongkonesa[38].

En verdad, todo indica que se trata de un mega proyecto que además del canal implicará la construcción de una infraestructura vial complementaria (ferroviaria y aeroportuaria), actividades comerciales (tipo zona franca) y de un oleoducto, igualmente interoceánico. Para algunos, esto último vincularía el interés venezolano de contar con un canal y oleoducto seguros para sus conocidos compromisos de vender a China 7 millones de barriles anuales de crudo; oleoducto que Venezuela no ha logrado aún concretar con Colombia.

Con tal anuncio, han quedado definitivamente explícitos para Colombia los reales intereses del gobierno nicaragüense –en particular del presidente Ortega– sobre la demarcación definitiva de las aguas fronterizas con Colombia en el archipiélago de San Andrés y Providencia. Más específicamente, se ha hecho manifiesta la bien articulada estrategia nicaragüense en su contencioso del 2001 ante la CIJ.

---

[37]) Aprobado mediante ley especial por la Asamblea Nacional de Nicaragua el jueves 13 de junio del 2014.

[38]) No está suficientemente aclarada la nacionalidad de base de dicha compañía, pues aunque aparenta haber sido incorporada en Hong Kong, aparece igualmente operando a través de las Islas Caimán.

Y por qué no, el descuido de la diplomacia colombiana al respecto; en último término, del equipo de abogados que representó a Colombia en dicho contencioso.

Más concretamente, el anuncio oficial del proyecto canalítico nicaragüense se hizo efectivo cuando había precluido para Colombia toda posibilidad de alegar ducho evento como 'nueva y especial circunstancia' en el proceso. Como tal este evento bien tendría que haber sido considerado por la Sala de la Corte al momento de juzgar el fondo o materia de la demanda nicaragüense[39].

Así pues, antes que obtener una delimitación definitiva sobre el largo diferendo limítrofe con Colombia, el gobierno del presidente Ortega dejó luego bien claro que sus pretensiones con la demanda incoada en La Haya, se orientaban primordialmente a ampliar la posesión nicaragüense en dichas aguas. Tal pretensión resultaba un requisito imprescindible para operar, con mayor –aunque no definitiva– autonomía la explotación de tal proyecto canalítico; cosa que difícilmente podría hacer Nicaragua de perpetuarse el límite marítimo bilateral sobre el preexistente meridiano 82. Tras el fallo de la Corte de noviembre del 2012,

---

[39]) La citada ley 800 del 2012 se aprobó 2 meses después de haber quedado cerrado procedimentalmente para Colombia el derecho de defensa ante la Corte de la Haya. Manuel Coronel Kautz, quien ejerció como vicecanciller de Nicaragua hasta el 18 de julio de 2012 –15 días después de aprobada dicha ley– y quien desde luego estuvo vinculado con la gestiones de su gobierno ante La Haya, fue designado presidente de la 'Autoridad del Gran Canal'. El 15 de agosto de 2012 –3 meses antes del fallo final de la CIJ–, Carlos Argüello Gómez, el 'eterno' embajador y apoderado nicaragüense ante la CIJ, a través del canal 4 de TV de su país, acusó a Costa Rica y Colombia de querer impedir la posibilidad nicaragüense de construir un canal interoceánico. Entonces añadió que Colombia buscaba 'cercenar a Nicaragua miles de kilómetros cuadrados de la plataforma marítima en el Caribe". Coetáneamente, en la misma fecha se efectuó la incorporación de la *HK Nicaragua Canal Development Investment Co*; cuyo presidente, el abogado chino Wang Jing, actúa a su vez como titular de *Xinwei Telecom Enterprise*. (Cf. Noemí Sanín y Miguel Ceballos Arévalo; '*El fallo de La Haya: ¿Triunfo de Nicaragua o cuento chino?* Revista Semana; 17 de junio de 2013; http://goo.gl/iGy4FC (12/12/2012).

Nicaragua no sólo resultó beneficiada con 75 mil km² adicionales de aguas marítimas sino que obtuvo un mayor arco de navegación cara a la costa Oeste del archipiélago colombiano. Con las nuevas ganancias marítimas Nicaragua pudo negociar con más ventaja la construcción –y sobre todo operación– de su pretendido 'Gran canal'.

No obstante, sabido es que, pese sus interminables litigios de delimitación de su frontera marítima con todos sus vecinos, Nicaragua no ha decidido o podido definir su plataforma continental. Por ello resulta plenamente factible esperar que la próxima demanda nicaragüense contra Colombia esté dirigida a obtener de la CIJ la delimitación de dicha Plataforma. A partir de esta, Nicaragua podría demarcar con autonomía la Zona Económica Exclusiva a la que podría aspirar conforme a la CONVEMAR, una vez más, a costa del espacio marítimo del Archipiélago que entonces pasaría a ser prácticamente un enclave de la soberanía marítima de Nicaragua.

2.2 ¿Recurrir o no recurrir? ¿Es esa la cuestión?

El tardío descubrimiento colombiano de las reales pretensiones nicaragüenses sobre las aguas marítimas en conflicto, ha permitido especular sobre si Colombia dispondría –aún hoy– de nuevos y válidos argumentos jurídicos para sustentar un eventual recurso de interpretación del fallo de la CIJ; cosa que el actual gobierno colombiano no se decide a hacer.

En primer término, se aduce que, de haber sido conocidos por los jueces de la Corte los reales intereses y pretensiones chinas sobre el proyecto nicaragüense, la juez china Hanqin Xue[40] debió haberse declarado impedida para conocer y fallar sobre el 'fondo' (*merits*, en el argot de la Corte) del caso. De haberse dado ambas circunstancias, se habría configurado un eventual vicio de nulidad procedimental; lo que, de por sí constituiría un 'nuevo hecho' para sustentar el pretendido recurso de revisión de la sentencia de noviembre del 2012.

Sin embargo, los sostenedores de esta tesis pasan por alto que el pretendido 'hecho nuevo' –manifiesto interés chino en el canal– sólo se configuró una vez que el gobierno nicaragüense hizo público su interés económico en construirlo. Tal interés económico se develó por Nicaragua una vez había concluido para Colombia el término para argumentar y aportar nuevas pruebas en el proceso habiendo el asunto de fondo quedado visto para sentencia.

Este 'hecho nuevo' –las pretensiones económicas de Nicaragua sobre tales aguas– modificaba sustancialmente el objeto y fondo del proceso. Y lo fue particularmente el 'fondo' (*merits*) o materia del litigio, puesto que a partir de las citadas declaraciones del embajador y apoderado nicaragüense del 15 de agosto de 2012, el contencioso bilateral habría dejado de ser un asunto meramente 'territorial' (delimitación de aguas marinas) pasando a ser una controversia eminentemente económica: construir y explotar un canal inter oceánico que requiriere la ampliación del límite con Colombia más al Este del meridiano 82.

Bien podría argüirse que la existencia de un interés económico nacional por parte de Nicaragua sobre las aguas pretendidas –conocido o no durante el proceso–, no tendría por qué haber

---

[40]) Normalmente mencionada en Colombia como Xue Hanqin, pero es sabido que en chino el apellido siempre va de primero y no suele tener más de tres letras.

afectado en sí la sustancia del contencioso con Colombia. Sin embargo, conforme a su régimen procedimental[41] la CIJ debería haberlo tomado en cuenta con anterioridad a su sentencia. Tal tendría que haber sido en virtud de todas las implicaciones implícitas en dicho interés económico, en este caso particularmente las de naturaleza medioambiental respecto a un ecosistema extremadamente frágil y patrimonio de la humanidad –entonces protegido por la UNESCO– y que abarca las aguas no sólo de Colombia, sino de Honduras, Costa Rica, Panamá y Jamaica. Igualmente, la CIJ debió considerar los intereses particulares de las poblaciones de pescadores isleños que dependen del mismo. Para ello, la CIJ debería haberse repetido en su jurisprudencia sobre la prevalencia de intereses generales (defensa del ecosistema global y poblaciones afectadas), antes que particulares o incluso bilaterales (interés económico de Nicaragua o demarcación de las aguas colombo-nicaragüenses)[42].

No obstante, cualquiera que sea el 'hecho nuevo' que Colombia quisiera aducir en su pretendido recurso de aclaración y revisión del fallo ante la CIJ, jurídica[43] como jurisprudencialmente (en un solo caso la CIJ ha revisado uno de sus fallos[44]), resulta altamente improbable que cualquiera de ambos argumentos pudiera lograr una revisión del fallo anterior, esta vez favorable a Colombia.

Si bien los 'hechos' fueron inmediatamente anteriores al fallo final y por su publicidad conocibles por la Sala, resultaría

---

41) Art. 61 §1; Estatuto de la Corte.

42) *Barcelona Traction* (1970); ICJ Reports (1970), §33-34.

43) Art. 61 del Estatuto y art. 98 a 100 del Reglamento de la CIJ.

44) *Bosnia and Herzegovina v. Serbia and Montenegro*, 2007 ICJ. 140 (February 26, 2007) y lo hizo de manera apenas parcial http://goo.gl/m0SHTY; https://goo.gl/QDOQ5y (15/12/1012).

apenas visible que la Corte no les otorgó mérito alguno en tanto no cabía oportunidad procesal para alegar los mismos por parte de Colombia. Quedaría sólo a favor de Colombia alegar en el recurso de revisión que, al momento en que Nicaragua 'destapó' sus pretensiones económicas, había ya expirado el término y oportunidad procesal para argumentar e interponer las pruebas que habrían obligado a la Corte a tomar en cuenta no sólo el 'nuevo' hecho (interés económico oculto en la demanda antes que patrimonial de sus pretensiones) sino la afectación medioambiental y daño a las poblaciones originales del Archipiélago.

En lo que respecta a la juez china Xue, obraría a su favor y en contra del argumento colombiano de no haberse declarado impedida para juzgar el caso, su exhaustiva y bien ponderada 'opinión' separada y disidente del fallo y en contra del método seguido por la Sala al efectuar la delimitación de las aguas binacionales con perjuicio para Colombia[45].

2.3 - Una eventual respuesta geopolítica colombiana

Las legítimas razones de Nicaragua para construir, con quien quiera, su pretendido 'Gran Canal' –cuyas obras empezarían en el 2015–, ofrecen a Colombia una doble opción para diseñar una geopolítica de largo aliento en las aguas del Archipiélago.

En primer término son ya conocidos los detalles de dicho mega proyecto y sobre todos sus efectos previsibles para Colombia. Unos son de tipo general (intereses histórico-políticos en el Caribe) y otros son específicos y afectan directamente al Archipiélago de San Andrés y Providencia y

---

[45]) http://goo.gl/IZ6OT5 (12/12(2013). Otra cosa sería que, verificadas las actas de votaciones durante el proceso, apareciera una abierta parcialidad (bias) de la juez Xue en contra de Colombia.

sus aguas en disputa (patrimonio ecológico submarino y derechos de pesca de los pueblos originarios).

Los imprevisibles y catastróficos efectos medioambientales de este canal y en particular las esperadas demandas nicaragüenses dirigidas a obtener un mayor reparto de aguas por parte de la CIJ con el objetivo de asegurar la plena explotación del mismo, permiten a Colombia ejecutar un plan de acción correlativo con la inejecución del fallo de noviembre de 2012 y futuras sentencias de la Corte que cercenen sus derechos históricos en dichas aguas[46].

De forma manifiesta los aludidos efectos catastróficos medioambientales del proyecto canalítico nicaragüense inhiben cualquier posibilidad de coadministración conjunta con Nicaragua de las aguas en disputa, una de las alternativas posibles de solución negociada del conflicto, atrás sugerida. Por estar ya en ejecución una decisión unilateral nicaragüense de tal envergadura con efectos contaminantes catastróficos, Colombia, además de convertirse en coautora y responsable solidaria de la aludida degradación ecológica, renunciaría explícitamente a ejercer su derecho exclusivo de defensa medioambiental de las Islas, sus aguas y riqueza submarina.

La eventual respuesta geoestratégica colombiana tendría dos componentes. Además de las legítimas acciones e intervenciones del Estado dirigidas a afirmar precautelarmente su soberanía en tales aguas –lo que sería

---

[46]) Aunque a la fecha son pocos conocidos los estudios y especificaciones técnicas del proyecto nicaragüense, el mega tráfico que tal vía inter oceánica estaría llamada a movilizar, permiten suponer que las pocas aguas nicaragüenses en el Caribe –computadas los 75 mil km^2 que le concedió el falló de la CIJ–, resultarán ciertamente ínfimas para albergar el impredecible número y dimensiones de los navíos que se juntarán y alternarán – entrada y salida– en la desembocadura caribeña del canal nicaragüense. Por lo mismo, a los efectos contaminantes de tan denso tráfico, habría que sumar la continua violación de las aguas nacionales de Colombia, Honduras y Costa Rica.

objeto de un apartado especial–, Colombia podría acometer la construcción de una obra interoceánica alternativa. Esta, al ser la antítesis del mega proyecto hongkongneño-nicaragüense, restablecería el equilibrio en la cuenca caribeña circundante al archipiélago de San Andrés y Providencia.

Esta última decisión colombiana permitiría al país reposicionarse audazmente en la geo-estrategia comercial y política global que, a mediano plazo, caracterizará las relaciones comerciales del Extremo Oriente asiático con Occidente. Esto último, compaginaría con la geopolítica que el país está en mora de estructurar como miembro activo de la 'Alianza del Pacífico', de la que, a partir de su VII cumbre en Cali (mayo 2013), incluyó como 'observadores', entre otros, a Panamá y Costa Rica; dos países llamados a apoyar la postura de Colombia frente a Nicaragua.

Singularmente, la sugerida contraofensiva colombiana se sustentaría sobre los mismos presupuestos del mega proyecto canalítico nicaragüense:

1) En primer término, el espectacular crecimiento del comercio internacional de Occidente con Asia –empujado por China, Japón, Corea e India–, el que se prevé continuará siendo movilizado predominantemente por vía marítima[47]. En tal sentido, son varias las voces que alertan sobre un eventual estrangulamiento del crecimiento económico y comercio mundiales de no producirse una oportuna y

---

[47]) En 2010 China sobrepasó a Alemania como primer exportador mundial. En este mismo año China superó a Japón como primer mercado mundial de bienes suntuarios. Recientes proyecciones demuestran que a partir del 2014 China será el mayor importador mundial. A partir de 2020, no menos del 65% del tráfico mundial de mercancías y pasajeros se efectuará entre los países del extremo asiático, EUA, Europa y América Latina. La mayor proporción del intercambio de cargas seguirá realizándose por vía marítima http://goo.gl/UrZDkE;   http://goo.gl/frA1tJ;   http://goo.gl/LC5K5B   (15/12/2015) http://goo.gl/t0v3A; http://goo.gl/hv13s4 (12/2/2013).

adecuada remodelación de la infraestructura de transporte intermodal global –especialmente marítima– llamada a soportar tal volumen y dinámica de intercambio. Esto último, tiene que ver inicialmente con el redimensionamiento de los navíos –porta contenedores– y la infra estructura portuaria requerida para soportarlos.

2) En segundo lugar, aparece como todavía más crítico el rediseño de las rutas marítimas actuales al efecto de hacerlas más eficientes, rápidas, costeables y fundamentalmente seguras. Esto involucra necesariamente los canales actuales, 'artificiales (Suez y Panamá) o 'naturales': estrechos de Malaca (Malasia e Indonesia) y Bab-al-Mandeb (Yemen; Djibouti y Somalía) y en alguna forma el Bósforo (Turquía)– por los que deberán transitar los nuevos súper navíos porta contenedores[48].

El Istmo centroamericano jugará un papel clave en el tráfico esperado entre el Extremo Oriental asiático (China, Japón, Corea e Indonesia) con los EUA (Golfo de México y Costa Este), Europa (Norte y Mediterránea), Norte de África, África occidental y puertos atlánticos de Sur América. Las limitaciones naturales –aparentemente insuperables– de los canales y estrechos aducidos en Asia y África, como las condiciones de creciente inseguridad de los mismos (piratería) otorgarían al nuevo canal la pretendida ventaja comparativa.

Pese al ambicioso proyecto de ampliación del actual canal de Panamá –cuya operación continúa posponiéndose desde finales del 2014– es ya manifiesto que el mismo resultará insuficiente para soportar el tráfico de los nuevos mega contenedores –los llamados *Post-PanamáMax*[49]– que

---

[48]) http://www.pwc.com/tl2030 (12/1/2014).

[49]) La inauguración solemne del nuevo canal panameño fue fijada para el 21 de junio del

concentrarán y redistribuirán globalmente dicho tráfico marítimo. Por ello, para China, Corea del Sur, Japón y en alguna forma Indonesia, resulta absolutamente crítico encontrar una nueva opción de traspasar la barrera del Istmo centroamericano. Esta coyuntura logística global anima la construcción del Gran Canal nicaragüense y desde luego el contra proyecto colombiano.

No obstante, el Istmo centroamericano no es ya la única alternativa posible para solucionar la esperada demanda de fletes navieros entre el Extremo Oriente y Occidente; al menos respecto del Norte de Europa. Así ha acontecido tras el creciente deshielo del Polo Norte y con ello la activación del 'Pasaje Nor-oriental' ártico que permite por varios meses al año un tráfico naval en un gran arco entre los puertos del Extremo Oriente y Norte de Europa[50]. Por su parte, Rusia[51] y China[52] se han anticipado a promover el uso de dicha ruta, en principio más corta que cualquiera de las alternativas históricas. Aunque la porción de 'alta mar' de tales aguas estaría cobijada por el principio de la 'libre navegabilidad' y derechos anexos –el de 'paso inocente' a través del mar territorial', en particular–, las pretensiones rusas y canadienses –con la oposición de EUA– de imponer a tal tráfico interoceánico una jurisdicción regulatoria basada en su

---

2016. Tal cual se sabe, pese su novedoso sistema de exclusas, el canal apenas podrá soportar hasta navíos de 14 mil contenedores (TEUs). No obstante, el *Maersk Triple E 400* de la armadora Maersk Line, súper contendor de 200 mil DWT (apto para 18 mil contenedores), inició justamente su primer viaje de prueba coincidiendo con la votación de la Asamblea Nacional Nicaragüense de este mes de junio. Por otra parte, navíos con un largo de eslora igual o mayor de 450 mt., un ancho de 49 mt. o más , un calado de 14.5 mt., o más y altura de 73 mt. o más no podrá circular por el nuevo canal de Panamá. La citada armadora *Maersk* recibió una orden inicial de construir 9 súper contenedores de 14 mil TEUs http://goo.gl/wx9V27 (15/3/2016).

[50]) http://goo.gl/j3X5Za (11/12/2015).

[51]) http://goo.gl/Ahel9Y (11/12/2015).

[52]) http://goo.gl/j3X5Za; http://goo.gl/gmzlDh; http://goo.gl/Y6moq6 (11/12/2015).

normativa nacional chocan en principio con lo dispuesto por la CONVEMAR[53].

Cualquier nueva opción canalítica a través del Istmo continuará siendo plenamente competitiva. La disponibilidad anual sin interrupción de tal infraestructura física y la preexistencia de un marco jurídico regulatorio internacional estable son dos atributos que obran en su favor. No obstante, desde el punto de vista técnico una nueva alternativa canalítica centroamericana plantea de entrada severos desafíos. En particular están las exigencias de calado (profundidad mínima de 14 a16 metros) como el volumen de agua requerido para la normal y segura operación de cualquier nueva vía canalítica capaz de soportar los mega contenedores ya referidos.

Lo anteriores factores explican por qué la ampliación del canal de Panamá no pudo ser mayor, pero sobre por qué de entrada resulta inviable el pretendido Gran Canal nicaragüense[54]. Las engorrosas operaciones –casi diarias– de dragado de buena parte del fondo del Lago Nicaragua, como la necesidad de efectuar trasvases de agua de las principales cuencas hidrográficas que alimentan dicho lago –en especial durante los largos períodos de sequía de la región–, no sólo generarán una sustancial afectación como una destrucción –irreversible en ambos casos– de los ecosistemas nicaragüenses[55]. Así se han anticipado a denunciarlo varios de los actores ecologistas de este país. De otra parte, la permanente actividad sísmica en

---

[53]) En especial el art. 87 (libertad de navegación); el art. 17 ('paso inocente'), art. 52 (tránsito por estrechos y archipiélagos) y art. 37, 38 y 58 (tránsito por Zonas Económicas Exclusivas). El art. 8 excluye las aguas internas de tal tráfico http://goo.gl/xkKVmo (11/12/2015).

[54]) La profundidad promedio del Lago de Nicaragua –el mayor tramo de dicho Gran canal–, es de 10 mt.

[55]) http://goo.gl/BHKCzi (11/12/2015).

torno al Gran Lago de Nicaragua, resultará otro factor crítico que pondría en permanente riesgo el tráfico naviero por el pretendido canal[56].

Estos condicionamientos ecológico-medioambientales y de seguridad permiten a Colombia estructurar una contra iniciativa totalmente diferente a la nicaragüense e incluso panameña. Técnicamente, la misma involucraría la construcción, no tanto de un canal propiamente tal, sino de un 'corredor biooceánico seco'. Con ello, consecuente con una responsabilidad medioambiental –nacional, regional y global– Colombia asumiría una iniciativa sustentada en recientes y ya viables tecnologías. Estas permiten demostrar que las nuevas opciones infraestructurales del transporte nacional e internacional propias del siglo XXI, no pueden ni deberían estar basadas en la utilización de recursos hídricos; actualmente y de por sí, uno de los más frágiles y escasos recursos naturales que le quedan planeta.

A su vez, esta pretensión ecológicamente 'limpia' exige descartar de entrada una solución ferroviaria tradicional (por impulso eléctrico o diésel) y desde luego camionera; ambas altamente contaminantes y difícilmente compatibles con las necesidades técnicas de movilización eficiente y económica de los gigantescos volúmenes de contenedores ya aducidos.

Dicho corredor biooceánico seco utilizaría la hasta ahora llamada 'tecnología de transferencia en tiempo real de energía sin cable aplicable a vehículos de carga de gran capacidad' (entre estos los trenes impulsados mediante energía electro magnética o sistema Maglev) desarrollada y probada con éxito por el 'Instituto Coreano Avanzado de Ciencia y Tecnología'

---

[56]) http://goo.gl/FBZ0QV (12/3/2013).

(KAIST) y el 'Instituto de Investigación del Sistema Ferroviario Coreano' (KRRI)[57].

El diseño y construcción de un 'corredor biooceánico seco' acorde con la dinámica del tránsito global de contenedores mediante dicha tecnología, permitiría reducir sensiblemente los tiempos y costos actualmente incurridos en el tránsito por el Istmo centroamericano. Una primera aproximación al nuevo sistema supone varias decisiones fundamentales:

1) Antes que un sistema o plataforma de movilización de los navíos –función de los canales marítimos actuales– se trata de crear un mega-centro redistribuidor (*hub*) de cargas (contenedores) entre dos hemisferios oceánicos, Pacífico y Atlántico. De entre las muchas opciones, el mismo supondría un primer punto (nodo) concentrador (de venida: cargas de Japón, Corea del Sur, China e Indonesia) o redistribuidor (de ida, hacia esos mismos orígenes) de las cargas en el extremo oriental asiático; nodo que bien podría estar localizado en Taiwan. Un doble e igual papel cumpliría el puerto situado en la terminal Caribe de dicho 'corredor' que actuaría como 'redistribuidor' de tales cargas según destinos genéricos: EUA (Golfo de México y costa Este); Sur América, Europa Norte, Europa mediterránea, Norte de África y eventualmente África occidental) como también 'concentrador' de las cargas de regreso provenientes de dichos destinos y dirigidas a Asia oriental.

2) La optimación de tiempos y costos supondría optar por el trayecto terrestre más corto posible de travesía del Istmo. De preferirse una opción exclusivamente colombiana, la ruta más corta posible sería de 152 km aproximadamente e

---

[57]) http://goo.gl/TsXUh3 . También http://goo.gl/7rIYgd (12/2/2013).

iría desde la Bahía de Humboldt o Coredó (Chocó) en el Pacífico a una de las bahías medias de la costa izquierda del Darién Antioqueño. Dicho tramo sería 100 km (2/5 partes del previsible trayecto nicaragüense de 250 km en promedio.

Dado que el proyecto del Gran Canal nicaragüense estaría dirigido tanto a sustituir cualquier opción colombiana como a competir con el nuevo canal panameño, se podría optar por un proyecto binacional colombo-panameño que en vez de desplazar al nuevo canal sería complementario con el mismo. Una posible ruta iría de La Palma (Golfo de San Miguel) en Panamá a Acandí (Urabá antioqueño) y tendría una longitud óptima estimada de 90 Km (poco más de 1/3 del canal nicaragüense).

De modo complementario debería contemplarse la construcción de un oleoducto biooceánico paralelo al corredor seco. Venezuela y Brasil –eventualmente Paraguay, nueva potencia de hidrocarburos sur americana– difícilmente podrían disponer de una mejor y más barata alternativa de exportación del crudo y gas hacia China y demás países asiáticos. Esto último en razón del menor tramo de navegación para los *Post-PanamáMax* tanqueros petroleros respecto de la ruta por Nicaragua y en virtud del menor tramo del oleoducto interoceánico,

Esta opción binacional concuerda con la actual cercanía e intereses comunes de Colombia y Panamá en el marco de la citada Alianza del Pacífico. El diseño de estos desarrollos – corredor biooceánico seco' y 'oleoducto biooceánico'– impondrá a ambos países salvaguardar la integridad ecológica-medioambiental del territorio a través del cual se construirían ambas obras y desde luego los derechos históricos de las comunidades, especialmente indígenas, que habitan allí.

Finalmente, el socio tecnológico-estratégico y prioritario de Colombia –y eventualmente de la alianza panameña-colombiana– sería casi inevitablemente Corea del Sur. Lo anterior, por ser este país –al menos por el momento– el líder del desarrollo tecnológico requerido para diseñar y construir tal corredor biooceánico seco, como también por ser líder indiscutido – inclusive por encima de China– en la construcción de los mega contenedores del futuro[58]. Alternativamente, China y Alemania – y en menor proporción los EUA– comparten con Corea del Sur el liderazgo en la tecnología de trenes levitables y otros medios de manejo portuario de mega volúmenes de cargas pesadas.

---

[58]) Los informes de inteligencia tecnológica hablan ya de proyectos de Daewood de construir un mega contenedor capaz de transportar 22 mil contendores http://goo.gl/pFOzDW (15/12/2015). Inclusive se alude diseños experimentales de un novedoso sistema de súper-mega contenedor tipo nodriza que en vez de transportar contendores arrumados –tal cual hoy sucede–, movilizaría múltiples barcazas portadoras de entre 500 a 1000 contendores. De ser así obviamente se facilitaría y abarataría, no sólo el costo de transporte total, sino la 'concentración' y 'redistribución' de tales cargas internacionales a partir de los *hub* marítimo-portuarios como los aquí sugeridos http://goo.gl/UXAFO5 (15/12/2015).

TEMA III

post scriptum

Medellín, agosto 21 del 2015 y 15 marzo del 2016

3.1 Un limbo jurídico y político

Días antes del vencimiento del término legal para interponer el recurso de revisión del fallo de la CIJ, el gobierno colombiano anunció que, después de escuchar varios expertos, el país renunciaba a tal acción procesal. Esta decisión resultó concordante con el mensaje que el presidente J. M. Santos había enviado dos meses atrás –por cadena nacional de TV– declarando las razones por las que Colombia no ejecutaría –de hecho no reconocía– la sentencia de la CIJ de noviembre del 2012[59]. La consecuencia jurídica implícita en la desvinculación del Estado colombiano de un fallo tan controvertido conllevaba la inaplicabilidad de 'hecho' de dicha sentencia.

Si bien la citada sentencia de la CIJ quedaba en firme, su ejecución necesariamente permanecía en el aire; esto es, sin efecto subsiguiente al carecer este tribunal internacional de medios coercitivos para obligar a la Parte remisa –Colombia en este caso– a cumplir, adecuada y oportunamente, dicho fallo internacional.

El 2 de mayo del mismo año en una sentencia (C-269/14), ciertamente histórica para la rica jurisprudencia colombiana, la Corte Constitucional declaró implícitamente la no obligatoriedad de la sentencia de la CIJ. Con dicho fallo la Corte respondía a varias demandas previas –en particular a la interpuesta por el 'ciudadano' J. M. Santos que la presentó en calidad de tal antes que de Presidente– pidiendo la declaración de inconstitucionalidad de la Ley 37 de 1961 por la que se incorporó a la normativa nacional, trece años después, el citado PB (30 de abril de 1948) o de 'Solución Pacífica de las Controversias' entre los Estados miembros de la OEA. Fue precisamente con base en dicho Pacto por los que la CIJ

---

[59]) http://goo.gl/rcVY1m (15/8/2012).

había asumido la competencia para juzgar y fallar la demanda nicaragüense en contra de Colombia[60].

Tanto el presidente Santos como coadyuvantes en la referida demanda pretendían que la Corte Constitucional declarase que ni el Pacto de Bogotá ni la sentencia de la CIJ de noviembre de 2012 existían para Colombia. Si bien la Corte Constitucional declaró exequibles los artículos demandados, explícitamente concluyó de modo terminante que las fronteras y límites de la República solo podían ser modificados por tratados internacionales previamente negociados por el Ejecutivo Nacional como actor y gestor internacional del Estado. Puntualizó la Corte que tales tratados debían ser luego aprobados por el Congreso Nacional y revisados por la Corte Constitucional antes de su ratificación con las Contra-Partes del caso. Consecuentemente, de manera alguna podía ser vinculante constitucionalmente para el país una modificación de los límites territoriales nacionales por decisiones emanadas de organismo internacional alguno; en este caso la CIJ.

Tras el fallo de la Corte Constitucional colombiana, la sentencia de la CIJ resultó inejecutable para el país. Opcionalmente el gobierno nacional podría negociar o no con el gobierno de Nicaragua un tratado que fijase los nuevos límites marítimos binacionales; instrumento que, como lo advirtió la Corte, luego de ser suscrito debería además ser aprobado y revisado por el Congreso y la Corte Constitucional, respectivamente.

3.2 'Mucha pólvora y poca mecha'

Salvo negociaciones binacionales secretas no conocidas por la opinión pública, la situación limítrofe binacional en las aguas marinas en disputa ha quedado sumergida en un limbo que por ahora parece insalvable.

---

[60]) http://goo.gl/vFC6jX (15/8/2015).

Como ha sido históricamente reiterado, sólo caben dos posiciones reales y posibles. Por un lado, aceptar ambos países un *statu quo ante*; esto es, no 'mover ficha' ninguna de las Partes hasta tanto se den las condiciones político-diplomáticas para reanudar una negociación. De hecho es lo que había acontecido durante los dos siglos anteriores respecto de los diferendos colombianos con Venezuela y la misma Nicaragua.

Alternativamente, subsiste el ejercicio legítimo de actos unilaterales de soberanía sobre la zona marítima en conflicto, actos que pueden ser meramente simbólicos (declaraciones, nuevas demandas ante la CIJ; reconocimientos aéreos, marítimos o similares) o ciertamente de efectiva posesión y afincamiento físico en tales aguas.

Las consecuencias de uno u otro tipo de actuaciones son de siempre conocidas. Los actos simbólicos son habituales 'disparos al aire' y finalmente no tienen otro objetivo que probar el ánimo y en su caso capacidad de reacción de la contraparte; en últimas intentar forzar el inicio de un nuevo ciclo de negociaciones. En el actual diferendo, ambas Partes han ejercido ya varias de tales manifestaciones, empezando por las iniciales declaraciones de ambos gobiernos sobre la legitimidad de sus derechos y pretensiones a partir del fallo de la CIJ.

En tanto el gobierno colombiano delineaba una vacilante ofensiva diplomática para explicar a la comunidad internacional su decisión de no aplicar el fallo de la CIJ, el 22 de noviembre de 2012, el Sistema Regional de Áreas Protegidas del Caribe Colombiano le pidió a la Organización de Naciones Unidas para la Educación y la Cultura (UNESCO) que abogara por la conservación de la biosfera del Archipiélago que dicha Organización había declarado 'reserva mundial de la biosfera'.

El 17 de diciembre de 2012, la canciller colombiana, María Ángela Holguín, en visita a la sede de NN. UU., en Nueva York expuso al Secretario General, Ban Ki-moon, los argumentos por los que el gobierno colombiano calificaba como 'inconsistente' e inaplicable el fallo de la Corte. No obstante, conocida la postura colombiana, Nicaragua no perdió tiempo en escalar su ofensiva diplomática y judicial. Haciendo honor a su record de demandas en la CIJ en sus disputas con otros países[61] instauró dos nuevas querellas en contra de Colombia que se analizan a continuación.

En lo que concierne al uso de la fuerza por parte de Colombia en las aguas otorgadas por la CIJ, ha sido púbicamente notorio que las armadas de ambos países han efectuado repetidos patrullajes en torno a las aguas en conflicto y en particular sobre los límites fijados por el tribunal de La Haya. En la mayoría de los casos, ambos gobiernos han justificado tales acciones como operaciones de control y lucha antinarcótica[62].

Nicaragua ha ido aún más lejos. Bajo cobijo ruso, ha ejecutado un doble acto intimidatorio sobre el espacio aéreo del archipiélago de San Andrés y Providencia cuando por dos veces (28 de octubre y 1 de noviembre del 2013), una escuadrilla rusa de aviones de combate[63] voló –sin autorización previa– desde La Guaira (Venezuela) hasta Managua y viceversa. Hasta el presente el gobierno ruso no ha respondido satisfactoriamente la protesta diplomática presentada por el gobierno colombiano.

A lo anterior, se añade la compra por Nicaragua –también a Rusia– de seis poderosas misileras y patrulleras dotadas de lanza misiles, súper y sub sónicos, agua-tierra-aire-agua[64]. Y como si fuera poco, el gobierno del Presidente Ortega ha dejado entrever la posibilidad de estar negociando con Rusia la adquisición de varios súper bombarderos Mig-25, cuyo valor oficial unitario equivale al 43% del actual presupuesto asignado al ejército nicaragüense[65] y cuya

---

[61]) Conforme a la misma CIJ, entre 1947 y 2014, Nicaragua ha instaurado 14 demandas, más que cualquier otro miembro. Resalta 1986 con 3 procesos y 2012 con 2, ambos en contra Colombia. http://goo.gl/2x5Kch (15/8/2015).

[62]) http://goo.gl/5FMDwM (20/8/2015).

[63]) http://goo.gl/rr3Iwj (20/8/2015).

[64]) http://goo.gl/b89twK (20/8/2015).

[65] http://goo.gl/B0jvQn (20/8/2015).

costosa turbosina tendría que serle provista –en su momento regalada–, por Venezuela, su socio bolivariano.

3.3 Nuevas demandas nicaragüenses

El 16 de septiembre del 2013 el gobierno nicaragüense se apresuró a pedir a la CIJ declarar el 'rumbo exacto' de la nueva frontera marítima binacional fijada en su fallo de noviembre del 2012[66]. Los abogados nicaragüenses estimaron que la Corte se había quedado corta en su fallo anterior demandándole ahora que procediese a fijar la 'plataforma continental' (aguas submarinas) más allá de las 200 millas –y de paso la 'zona económica exclusiva' pertinente[67]– que debían corresponder a Nicaragua. Para sustentar su nueva petición, el equipo de juristas que manejan el caso, estimaron gratuitamente que tales aguas subyacen sobre la misma placa continental del Archipiélago de San Andrés y Providencia[68].

El siguiente 26 de noviembre del 2013, el gobierno nicaragüense introdujo una nueva instancia de procedimiento denunciando *...la violación de los derechos soberanos y a las zonas marítimas de Nicaragua declaradas por la Sentencia de la Corte del 19 de noviembre de 2012 y la amenaza del uso de la fuerza por Colombia con el fin de cometer estas violaciones.*[69].

En base a sus atribuciones[70], la Corte optó por consolidar ambos procesos. No obstante, procedió a citar a una primera audiencia pública para oír a las Partes en lo tocante a la primera de las demandas nicaragüenses. Las rondas se realizaron entre el lunes 28 de septiembre y el 2 de octubre del 2014. Entre el 5 y 9 de octubre

---

[66]) http://goo.gl/PvIjre (20/8/2015).

[67]) http://goo.gl/70bNjX (20/8/2015).

[68]) Más específicamente, la instancia de procedimiento nicaragüense solicitó a la CIJ resolver *...la delimitación de los límites entre, por un lado, la plataforma continental de Nicaragua más allá del límite de 200 millas marinas contadas desde las líneas de base a partir de las cuales se mide la amplitud del mar territorial de Nicaragua y, por el otro, la plataforma continental de Colombia* http://goo.gl/decbZo (24/3/2016); https://goo.gl/ai6gVw (20/8/2015).

[69]) http://goo.gl/hCsHnJ y http://goo.gl/Bt3XrE (20/8/2015).

[70]) Art. 47, Reglamento de la CIJ http://goo.gl/W0G642 (15/03/2016).

se llevaron a cabo las audiencias públicas de la segunda querella nicaragüense relativa a la delimitación de la plataforma continental.

Con anterioridad, el 14 de agosto y 19 de diciembre del 2014, los agentes y equipo jurídico de Colombia[71] habían presentado por escrito varias 'excepciones preliminares' dirigidas a discutir la competencia de la Corte para conocer de ambas demandas incoadas por Nicaragua. Como está reglamentado, la Sala debía pronunciarse previamente y por separado sobre todas las excepciones antes de decidir abocar y fallar sobre el fondo o materia (*merits*) de ambas querellas[72].

En lo pertinente al primer asunto, aunque Colombia negó haber incumplido el fallo de la CIJ de noviembre de 2012, alegó la incompetencia de la Corte para resolver sobre la materia objeto de litigio. Para ello argumentó:

1. Haber denunciado oportunamente el Pacto de Bogotá con efecto inmediato.
2. La no existencia de una controversia previa entre ambos países, requisito exigido inclusive por el propio Pacto de Bogotá para entablar la demanda.
3. Nicaragua desconoció la obligación prevista en el aludido Pacto que le obligaba a agotar la vía de la negociación directa antes de poner en marcha la jurisdicción de la CIJ.
4. La Corte carece de competencia en el litigio en virtud del mismo fallo de 2012 –de por sí 'cosa juzgada'–, pero en particular al no estar contemplada tal atribución ni en la Carta de las NN.UU., ni en el Estatuto de la misma Corte.

---

[71]) Carlos Gustavo Arrieta y Manuel José Cepeda actuaron como agente principal y co-agente, respectivamente. Sir Michael Wood (inglés), Michael Reisman (EUA.), Rodman Bundy (EUA.), Tullio Treves (italiano), Eduardo Valencia-Ospina (colombiano) y Matthias Herdegen (alemán) conformaron el equipo jurídico colombiano.

[72]) Art. 79 CIJ http://goo.gl/W0G642 (15/03/2016).

En sus 'excepciones' relativas al asunto de la delimitación de la plataforma continental, Colombia adujo:

1. Nicaragua mal interpretó la denuncia de Colombia del Pacto de Bogotá en lo que respecta a la fecha en que cesaban las obligaciones para el país (artículo 56).

2. En su fallo del 2012, la Corte no se reservó competencia para dirimir un futuro litigio relativo a materia alguna y menos respecto a la delimitación de la plataforma continental de cualquiera de los dos países y menos aún a establecer una demarcación limítrofe más allá de las 200 millas de la costa de Nicaragua (línea base)[73].

3. La pretensión nicaragüense desconoce el carácter de "cosa juzgada" del fallo de la Corte de noviembre del 2012[74].

4. Nicaragua no ha obtenido una recomendación de la Comisión de Límites de la Plataforma Continental que es requisito exigido por la CONVEMAR, tratado del que dicho Estado forma parte[75].

5. La petición de Nicaragua reclamando un régimen de aguas provisional en el Caribe más allá de las 200 millas es una pretensión eminentemente teórica puesto que la Corte carece de competencia para fijar límites marítimos

---

[73]) En su momento, en el aludido fallo de noviembre del 2012 (§251), la CIJ había desestimado tal solicitud nicaragüense por no haber previamente delimitado dicho país su plataforma continental por lo que la Corte estimó que Nicaragua no tenía derecho alguno más allá de sus 200 millas; argumento y decisión que forman parte asunto juzgado y fallado conclusivamente.

[74]) http://goo.gl/LnMmbi (25/03/2016).

[75]) La *Comisión de Límites de la Plataforma Continental* (CLPC) de la Convención del Mar es la encargada de hacer tales recomendaciones a base de los pedidos presentados por los países signatarios y conforme a los procedimientos establecidos (CONVEMAR; Parte VI, artículos 76 al 85 y Anexo II). La aludida demarcación provisional nacional de dicha plataforma continental –que siempre tiene un 'cariz internacional' al decir de la CIJ– debe basarse en la fijación previa de la línea base de su costa marítima está prevista en los art. 7, 9, 10, 12 y 15 de la CONVEMAR. *Pesca (Reino Unido contra Noruega)*, Informes de la CIJ. 1951, pág. 132.

hipotéticos que puedan afectar los intereses no sólo del demandado sino de terceros Estados[76].

Resulta ciertamente curioso que en la sustentación de sus excepciones, Colombia no hubiera aducido el inminente proyecto canalítico interoceánico nicaragüense y en particular tanto el irreparable daño ecológico que el mismo significará al ecosistema coralino del archipiélago sanadresano, como los efectos catastróficos de tal obra sobre la pesca, el modo de vida y bienestar de la población afectable. Esta omisión colombiana implicaría el desconocimiento de la jurisprudencia de la CIJ en dicho sentido[77]

El 17 de marzo del 2016 la Corte se pronunció sobre la primera demanda nicaragüense y excepciones provisionales colombianas. Por 14 votos contra 2 la Corte rechazó las cinco anteriores excepciones colombianas y se declaró competente para conocer sobre el fondo de la demanda nicaragüense de obtener una demarcación de la plataforma continental conforme a sus pretensiones (350 millas)[78].

En la misma fecha, la Corteo resolvió lo tocante a las excepciones colombianas relativas a la segunda de las querellas nicaragüenses. En tal ocasión se dio un empate de 8 contra 8 votos, cuestión que se resolvió –en una decisión nunca antes habida en la CIJ– en favor de las pretensiones de Nicaragua mediante el voto privilegiado del presidente de la Corte.

Apenas acabados de leerse los aludidos fallos, el presidente colombiano Juan Manuel Santos compareció ante los medios del país para rechazar ambas decisiones de la CIJ. En tal ocasión, además de reafirmar el desconocimiento por Colombia de la competencia de la Corte para sentenciar ambos casos, anunció el

---

[76]) http://goo.gl/LnMmbi (25/03/2016).

[77]) *Delimitación de la frontera marítima en el área del Golfo de Maine (Canadá c. Estados Unidos de América),* Informes de la CIJ. 1984, pág. 342, § 237).

[78]) Al leer la sentencia, el presidente de la CIJ, Ronny Abraham, explicó que tres de las excepciones preliminares colombianas habían sido rechazadas por quince votos contra uno y las otras dos de forma unánime.

retiro del país de dicha jurisdicción internacional. De acuerdo con las reglas procedimentales aplicables, habiendo Colombia fracasado en denegar la competencia de la Corte y abstenerse en consecuencia de presentar la llamada 'contra memoria' y 'réplicas' relativas al fallo por el que la CIJ de auto arrogó tal competencia evitando con ello reconocer tácitamente su capacidad jurisdiccional para continuar conociendo del caso.

Así pues, de paso Colombia evitó incurrir en el denominado *forum prorogatum*[79]. Por tanto, Colombia carecerá de agente oficioso en ambos procesos situación que faculta a Nicaragua para pedir se fallen a su a favor ambas causas. A últimas –como ya hizo China respecto de la reciente demanda de Filipinas ante el Tribunal Permanente de Arbitraje de La Haya, que se aducirá más adelante– Colombia bien podrá alegar que al fallar la Corte sin que este Estado hubiere concurrido al proceso, se habrá configurado un 'arbitraje unilateral' de modo alguno vinculante para Colombia.

Como era de esperarse este primer desenlace desfavorable a Colombia en La Haya ha creado una vez más una intensa polémica nacional sobre los desaciertos de la estrategia procesal del equipo de juristas colombianos que ha manejado tales asuntos. Igualmente han reabierto la zozobra e incertidumbre entre los pobladores del archipiélago[80].

Alternativamente, tras su comparecencia en los medios del 17 de marzo del 2016 anunciando el retiro de Colombia del proceso de la CIJ, el presidente Santos reafirmó la voluntad del gobierno colombiano para solucionar dicho diferendo binacional a través de negociaciones directas con Nicaragua tal cual estuvo desde siempre acordado en el Pacto de Bogotá antes que este país decidiese acotar sus pretensiones a través de sus tres demandas ante la CIJ[81].

---

[79]) Art. 43, Reglamento CIJ.

[80]) http://goo.gl/XdmKKh (20/8/2015).

[81]) Art. 53 § 1 http://goo.gl/Dn2nrl (15/03/2016).

3.4 El asunto de la Plataforma Continental

Más allá de los matices existentes doctrinalmente en la conceptualización y delimitación de la plataforma continental (PC), existe consenso en estimar que ella está conformada por una superficie prácticamente plana del zócalo continental que se extiende desde la línea base costera –frontera marítima en términos de la jurisprudencia de la CIJ – de un país hasta la isóbata –curva cartográfica de puntos de igual profundidad en océanos y mares– de los 200 mt (borde exterior de la plataforma); punto a partir del que –en promedio– se da la ruptura de la pendiente geológica que marca un fuerte declive del 'talud continental' hacia las profundidades marinas se concluye en la denominada 'llanura abisal' .

Aunque Nicaragua no suscribió –Colombia si lo hizo– la Convención de Ginebra sobre Plataforma Continental de 1958/1964 (CGPC) esta incluyó tácitamente el criterio de 'profundidad' para determinar la PC. Por el mismo la citada isóbata de los 200 mt., confiere a ciertos Estados ribereños una plataforma mínima conforme sucede con países como Chile, Perú y Ecuador. Aunque la porción continental de Nicaragua, el Archipiélago y aguas circundantes se ubican en la misma Placa del Caribe[82], existe una falla oceánica de más 3 mil metros de profundidad[83] que se interpone entre la masa continental, aguas y

---

[82]) Geológicamente, las islas del Archipiélago subyacen sobre el Rise de Nicaragua Inferior ligeramente equidistantes entre la Fractura de Pedro y el Escarpe de Hess. Igualmente, estas islas están mayormente conformadas por rocas volcánicas de masa alcalina y calco-alcalina (originarias del mioceno medio y plioceno). Se estima que la evolución geotectónica de la región se originó de dos conos volcánicos erosionados íntimamente vinculados con el aludido Rise de Nicaragua y parte de la Placa Caribe http://goo.gl/qFnv8S (12/12/2015).

[83]) Existe una divergencia manifiesta en la morfología de la respectivas plataformas continentales que sustentan el Istmo Centro Americano y las aguas del Caribe dentro de las que se ubican las islas al Nor-Noreste del Archipiélago de San Andrés y Providencia y Cayos de Albuquerque y desde estos hasta el Sur del Promontorio de Nicaragua al Norte. Según el correspondiente sistema sismo tectónico, la plataforma insular está separada de la plataforma continental por un graben submarino cuya profundidad oscila entre 450 y 1800 metros. La margen Este de la plataforma del Archipiélago está conformada por varias y pronunciadas pendientes que pueden alcanzar hasta 3000 metros de profundidad http://goo.gl/qUmcIW (15/12/2015).

cayos pertenecientes y asignados por la CIJ a Nicaragua en el 2012 y las aguas y porción terrestre del Archipiélago colombiano[84]. Por lo mismo, dadas las coordenadas geo tectónicas en que se produce tal falla, la PC reclamable por Nicaragua difícilmente podría superar el actual meridiano 82 ya consagrado como frontera marítima con Colombia .

En virtud del criterio de profundidad, la mencionada falla morfo-oceánica inhibía de entrada a Nicaragua a solicitar a la CIJ la asignación de la pretendida PC y Zona Económica Exclusiva (ZEE). A cambio optó por sustentar su demanda en el 'criterio voluntarista' o de 'equidad proporcional' utilizado por la CIJ en su sentencia de noviembre del 2012 en contra de Colombia[85]. Invocar este segundo criterio sería tanto como haberse acogido al todavía hoy menos vigente principio de 'explotación' o libertad de los mares implícitamente incluido en la CGPC. Con ello Nicaragua decidió reclamar y aprovechar a su antojo un máximo de aguas adyacentes (500 millas en total), en este caso colombianas.

De acuerdo al vigente derecho del mar y cara al nuevo proceso, la inexistencia de un tratado colombo-nicaragüense sobre plataforma continental en las aguas en disputa[86] y conforme a la reciente jurisprudencia de la CIJ, sería dado esperar que esta se auto arrogue competencia para fijar la plataforma continental entre ambos países. En su momento, como ya lo ha hecho, la Corte se basará en la CONVEMAR antes que en la referida CGPC.

De aplicar la CIJ la CGPC, su nueva sentencia tendría que basarse tanto en el criterio de profundidad como en el tradicional de la 'adyacencia' del subsuelo oceánico nicaragüense. En tal virtud la aludida falla geológica obligaría a la Corte a otorgar a Nicaragua una PC que no podría extenderse más allá de las 100 millas

---

[84]) http://goo.gl/lHqgVU (15/12/2015).

[85]) Que en realidad debería llamarse 'método de la desproporcionalidad' en el reparto de aguas utilizado por la CIJ en sus múltiples fallos de reasignación de fronteras nacionales en litigio.

[86]) Art. 6) Art. 6 § 1, CGPC.

náuticas a partir de la línea base. En principio la asignación de la CIJ coincidiría con el meridiano 82, única frontera marítima entre ambos países actualmente vigente. De tener en cuenta la CIJ la aludida falla oceánica muy seguramente tendría que remitirse a sentencias anteriores en las que siguiendo un método 'objetivo' basado en las que llamó 'circunstancias pertinentes' –tal cual sería la aludida falla– para definir las líneas de equidistancia tuvo que renunciar a aplicar su criterio clásico de equi-proporcionalidad.

De manera enfática la aludida Convención de Ginebra III impone a los Estados con 'costas adyacentes o situadas frente a frente'[87] –y consecuentemente plataformas superpuestas– la negociación directa como vía prioritaria para la delimitación de los derechos marítimos pertinentes. A falta de acuerdo inter estatal, el citado art. 15 de la CONVEMAR prescribe el método de la equidistancia salvo derechos históricos o 'circunstancias especiales que –como la aludida falla oceánica– deberán ser tomados en cuenta por la Corte en su próxima fallo. Más aún, de acuerdo a la más reciente jurisprudencia[88], no sólo de la CIJ como del Tribunal Internacional del Derecho del Mar (TIDM), Colombia bien podría alegar –y la Corte aceptar– la existencia de 'circunstancias especiales' –falla geológica– para negar la desmedida pretensión nicaragüense de PC y y ZEE más allá de dicho accidente geo-morfológico.

Al arrogarse la competencia para conocer la nueva demanda nicaragüense, la CIJ tendría que asumir la inexistencia de un tratado previo relativo a la PC entre Nicaragua y Colombia relativo a la delimitación de la PC. Con ello la Corte tendría que apoyarse una vez más tanto en lo previsto en la primera Convención del Mar, la CGPC como en la última de ellas, la CONVEMAR 1982/1994.

El aparente éxito de Nicaragua de lograr que la CIJ se declare competente para conocer de su demanda de exigir judicialmente lo

---

87) Art. 15, CONVEMAR; http://goo.gl/DPXTD3 (19/8/2015).
88) https://goo.gl/jBA17S (19/8/2015).

que supuestamente 'es suyo'[89], resulta apenas consecuente con la necesidad imperiosa que tiene su gobierno actual de alargar y ensanchar la 'embocadura' (entrada/salida) de su quimérico proyecto de canal interoceánico; que hasta ahora sólo cuenta con informes negativos medioambientales interinos y quejas de sus vecinos[90]. Estos factores añadidos al daño catastrófico sobre las aguas oceánicas derivadas de la explotación de dicho canal, conforman un nuevo set de 'circunstancias especiales' que no podrían pasar desapercibidas por la Corte al fallar la aludida demanda.

Finalmente, esta última pretensión de Nicaragua busca satisfacer una vez más la ya centenaria vocación de sus ideólogos –en particular la familia Argüello que ha sobrevivido a todos los regímenes políticos nicaragüenses[91]- de lograr una expansión territorial a costa de todos sus vecinos. Este viejo sueño nacional se ha ido concretando a base de interminables procesos arbitrales y juicios ante la CIJ[92]. Desde siempre tales acciones han estado dirigidas a convertir y consolidar a Nicaragua como un país definitivamente caribeño. Lo anterior, resulta todavía más relevante por cuanto durante los 300 años coloniales y sólo hasta el último cuarto del siglo XIX, Nicaragua fue una modesta provincia oriental en el Istmo centroamericano envuelta en interminables dictaduras, guerras civiles y ocupaciones militares estadounidense y británica[93].

3.5 El precedente chino en el Mar Meridional

Como es ya conocido el gobierno colombiano se apartó de la respetable opinión de un grupo de expertos colombianos –muy pocos internacionalistas- que estimaron que Colombia debía y

---

[89]) http://goo.gl/rA5wZz (19/8/2015).

[90]) http://goo.gl/ozs7x9 (19/8/2015).

[91]) http://goo.gl/1IXKRA (19/8/2015).

[92]) http://goo.gl/rTozUo (19/8/2015); http://goo.gl/G66ywk (19/8/2015).

[93]) http://goo.gl/HJxqAa (19/8/2015).

tenía que acatar el fallo de la CIJ. Igualmente, hasta ahora no existen indicios manifiestos de que dicho gobierno haya estado dispuesto a adoptar una estrategia definitiva y de gran alcance para reafirmar los derechos nacionales en las aguas objeto de conflicto. A falta de una política geoestratégica colombiana en el Caribe, no podría descartarse algún influjo al respecto procedente de la mesa de negociaciones de paz con la FARC en La Habana. Casi un año después, septiembre del 2013, uno de sus principales negociadores reclamó la primacía de la fraternidad entre 'pueblos bolivarianos' para solucionar el diferendo[94].

Normalmente, Colombia ha demostrado históricamente una sobrada incapacidad para obrar preventivamente en defensa de la soberanía territorial nacional. Esto se aprecia en la pérdida recurrente –algo más del 50% del territorio colonial heredado en 1810[95]– del espacio patrimonial colombiano a lo largo de 200 años de vida independiente. De haberse ejecutado el reciente fallo de la CIJ, Colombia habría entregado el 40% del territorio marítimo que posee al Norte y Sur del Archipiélago de San Andrés y Providencia[96]. Curiosamente –más bien fatídicamente–, en la pérdida de buena parte dicho territorio nacional ha estado involucrada la familia-dinastía Holguín, a la que pertenece la actual canciller colombiana[97].

La actual pasividad mostrada por la opinión nacional parece estar repitiendo la posición tradicional colombiana para de asumir resignadamente tales pérdidas territoriales. Más allá de esta crónica actitud no estaría mal confrontar el escenario del actual diferendo con Nicaragua dentro del más amplio horizonte internacional. Esto último, por cuanto la dinámica de la doctrina y

---

[94] http://goo.gl/oEuKGh (19/8/2015).

[95] http://goo.gl/N3UoIC; http://goo.gl/h0U49a (19/8/2015); http://goo.gl/gk0sDc (19/8/2015).

[96] Conocido lo gastado en una equivocada estrategia (U$5.6 millones) y supuesto que tal renuncia equivaldría a 75 mil km2., de mar, Colombia habríamos mal gastado U$75 por cada km., perdido. http://goo.gl/eytafd; http://goo.gl/Ljy7Py (19/8/2015).

[97] http://goo.gl/nBPw3c; http://goo.gl/xB70QU; http://goo.gl/S3WAum (19/8/2015).

praxis del derecho del mar están abocadas a grandes y sustanciales desafíos en virtud del irresistible peso que nuevos actores globales están ya ejerciendo.

El reciente desconocimiento colombiano de la jurisdicción de la CIJ para conocer y fallar las nuevas demandas nicaragüenses como su reticencia a aplicar el fallo de dicha Corte de noviembre del 2012 exige a Colombia una política de Estado coherente y de largo plazo cara al país y sobre todo a la comunidad internacional. La misma no puede quedarse reducida a pedir a Nicaragua la apertura de un nuevo proceso negociador sobre todas las materias que hoy engloban el diferendo limítrofe en las aguas del Archipiélago: mar territorial, PC y ZEE.

En principio resulta apenas conjeturable que Nicaragua dilatará la apertura y avance de dicho ciclo negociador hasta tanto la Corte se pronuncie sobre sus dos últimas demandas del 2013, atrás analizadas y las que muy probablemente no serán falladas antes de 4 o 5 años. Entre tanto resultará presumible que el país centroamericano continúe con la construcción de su inviable canal interoceánico y que el mismo se convierta en un factor clave nicaragüense, directa o indirectamente presente en la mesa de negociación bilateral[98]. Consecuentemente, el gobierno de Bogotá –en realidad el resto del país– tendrá que asumir el riesgo de un sensible y creciente deterioro político en sus relaciones con la comunidad sanandresana de siempre sensible al olvido y marginamiento en el manejo de sus asuntos e intereses vitales.

Dentro de tan complejo contexto, quienes hayan de diseñar la mencionada política de Estado bien podrían tomar en cuenta el desarrollo del diferendo limítrofe en las aguas del Mar del Sur de

---

[98]) Luego de tres periodos el presidente Ortega ha asegurado la reelección indefinida al más claro estilo ALBA y siguiendo el modelo Putin-Chávez. Paralelamente, la familia Ortega no sólo controla la maquinaria político-electoral del país sino también los medios de información (TV, radio y prensa escrita) como en su tiempo lo hizo la anterior dinastía Somoza. Hasta el presente no aparece visible la participación de los Ortega en el canal chino-nicaragüense –avaluado en U$50 billones–, en especial un nexo con el enigmático empresario hongkonés Wang Jing http://goo.gl/jMVZQ6; http://goo.gl/sihpiQ (19/8/2015).

la China. El mismo permitiría indagar hasta qué punto los nuevos desarrollos doctrinales del derecho del mar propiciados por el gigante asiático resultarían viables para estructurar la nueva política colombiana frente a tal contencioso con Nicaragua.

Al igual que Colombia frente a Nicaragua, China enfrenta desde hace varios años un mismo escenario de diferendo marítimo, no con uno sino con todos sus vecinos, cercanos y lejanos (Vietnam, Filipinas, Malasia, Brunei, Taiwán y Japón). El contexto marítimo fronterizo y el marco jurídico de tales diferendos asiáticos son prácticamente los mismos que subyacen en el diferendo nicaragüense-colombiano. A su vez, en tanto tales diferendos hayan de continuar insolutos, China como Colombia están abocadas afirmar preventivamente una soberanía marítima-territorial sobre las aguas y recursos subyacentes que histórica y jurídicamente ambos Estados han reclamado como propios.

Pero lo que resulta de interés para la pretendida política de Estado colombiana son las diferentes intervenciones –hasta ahora exitosas y apenas confrontadas[99]– ejecutadas por China durante los últimos cinco años dirigidas asegurar su pretendida soberanía marítima en un área no inferior a 250 mil kms² respecto de islas, cayos e islotes arrecíferos[100] que históricamente considera igualmente suyos.

De entrada, China empezó por efectuar una serie de 'proclamaciones' por las que reivindicó su derecho histórico de soberanía sobre las aguas del Mar del Sur chino que de modo unilateral señaló con una 'línea discontinua' en un mapa que su gobierno utilizó para tal demarcación (*Vid*, anexo 1)[101]. En efecto:

---

[99]) Obviamente por los países del Sud-este asiático afectados y desde luego por los EUA http://goo.gl/DFVQjn (28/12/2015).

[100]) En el Mar del Sur Chino se trata de las *Islas Spratley* (100 islas coralinas) llamadas *Násha Qúndao* por los chinos, *Truong Sa* por los vietnamitas, *Kalayan* por los filipinos y *Kepulauan Spratly* por los malayos e indonesios. En el Mar chino del Este se trata de las Islas *Diaoyu* (*Senkaku*, en japonés) ocupadas por Japón durante la IIa guerra mundial.

[101]) http://goo.gl/CUh9U0 (12/7/2015). El primero de tales mapas fue publicado en 1947 por el gobierno nacionalista de la República Popular de China desde 1912 liderado por el Partido Nacionalista Chino (Kuomintang) http://goo.gl/DFVQjn (17/12/2015),

en mayo del 2009 el gobierno chino sometió dos 'notas verbales' al Secretario General de las NN. UU. -que fueron recirculadas a los miembros de la Organización- y por las que China rechazó tanto las notas conjuntas previamente presentadas por Vietnam y Malasia como la que Vietnam sometió a la Comisión de Límites sobre la Plataforma Continental de las NN.UU. En ambas ocasiones China reafirmo no sólo su 'soberanía indisputable' sobre las aguas, islas, islotes y arrecifes (mapa incluido) sino también su jurisdicción para explorar y explotar los recursos contenidos en las mismas[102]. Tales 'notas' fueron rechazadas por Vietnam, Filipinas e Indonesia alegando que las referidas declaraciones no tenían sustento en el derecho internacional[103]. En 2011, mediante una nueva 'nota verbal' (esta vez sin mapa adjunto) afirmó que sus pretendidos derechos de soberanía y jurisdicción sobre tales aguas y posesiones estaban soportadas histórica y jurídicamente[104].

Conjuntamente con dichas acciones, China -al igual que en su momento lo hizo Colombia- se negó a reconocer la jurisdicción de la CIJ, del Tribunal Internacional del Derecho del Mar y del Tribunal de Arbitraje de La Haya[105], como órganos competentes para dirimir cualquier disputa territorial sobre tales aguas e islas. Como lo hizo recientemente Colombia respecto del fallo de noviembre del 2012 de la CIJ, China se ha reservado el derecho a no aceptar y menos aún a aplicar cualquier decisión emanada de los aludidos tribunales internacionales y que como tal modifiquen por vía judicial sus fronteras marítimas.

Tal ha sido la postura china al reciente 'memorial' o demanda (29 de marzo del 2013) en el que la República de Filipinas pidió al

---

[102]) Notas Verbales CML/17/2009 and CML/18/2009, May 7, 2009, UN Division for Ocean Affairs and the Law of the Sea (DOALOS) en: http://goo.gl/A82rMN y http://goo.gl/H6tqgb (28/12/2015).

[103]) Notas disponibles en DOALOS: http://goo.gl/0aHCBV (28/12/2015).

[104]) Permanent Mission of the People's Republic of China, Note Verbale CML/8/2011, April 14, 2011; DOALOS en: http://goo.gl/05PS0q (28/12/2015).

[105]) Creada en 1982 como parte integrante de la *Convención de las Naciones Unidas sobre el Derecho del Mar* (CDM, también CONVEMAR o CNUDM).

Tribunal Permanente de Arbitraje de La Haya la fijación de una Zona Económica Exclusiva en el Mar del Sur chino[106]. En su nota verbal de respuesta a la demanda filipina (7 de diciembre de 2014), China reafirmó no reconocer la competencia de este tribunal añadiendo que un 'arbitraje unilateral' constituía una 'aparente provocación política' que vulneraba su soberanía sobre tales aguas, asunto sobre el que carecía de competencia dicho tribunal[107]. Fue precisamente la demanda filipina la que impulsó el inicio de la construcción de islas artificiales en el Mar del Sur chino[108]. El fallo del Tribunal ha sido anunciado para junio del 2016[109].

A su vez China –como lo ha hecho en su oportunidad Colombia con Nicaragua– se ha declarado dispuesta a iniciar negociaciones bilaterales con todos sus vecinos con quienes disputa la soberanía y jurisdicción en la Plataforma Continental y Zona Económica Exclusiva en el Mar Meridional chino. No está de más advertir que esta política china de reivindicación de soberanía marítima va de la mano de su acelerado programa de desarrollo armamentista, naval, aéreo y de misiles[110].

Las intervenciones de hecho ejecutadas por la China son las siguientes[111]:

1) Establecimiento de una *Zona de Identificación de Defensa Aérea* (ADIZ) en el Mar del Este (noviembre de 2013) por la que toda aeronave civil que pretenda volar sobre dicha zona está obligada a identificarse y declarar –ante los controladores aéreos chinos– el origen, rumbo y destino de su vuelo antes de

---

[106]) http://goo.gl/lLsT3W (23/3/2016).

[107]) http://goo.gl/6IVhQZ (23/3/2016).

[108]) http://goo.gl/0eG0eK (23/3/2016).

[109]) http://amti.csis.org/ArbitrationTL/index.html (23/3/2016).

[110]) https://goo.gl/ApWWpP; http://goo.gl/bhNjfF; http://goo.gl/RqP1Tg (18/8/2015).

[111]) Para un pormenorizado detalle de las mismas, Economic and Security Review Commission (2014). *Report To Congress of the…;* U.S. One Hundred Thirteenth Congress, Second Session; November 2014; Washington: U.S. Government Printing Office; en particular, capítulo 2: *Military And Security Issues Involving China* (p.231); http://goo.gl/M8Kk7x (18/8/2015). También: http://goo.gl/QNme7L (18/8/2015).

entrar en el mencionado espacio aéreo con el objeto de tomar las medidas preventivas que correspondan.

2) Proclamación de un *anillo petrolífero* constituido por boyas marinas en aguas fronterizas con Vietnam (mayo y julio del 2014), reservándose como exclusiva la exploración y explotación de las reservas de hidrocarburos subyacentes en dicho espacio marino binacional. No son un secreto las presuntas reservas de hidrocarburos que existen en las aguas objeto del conflicto nicaragüense-colombiano y sobre las concesiones que Nicaragua otorgó (junio del 2013) a varias multinacionales al Este del meridiano 82 para la exploración y explotación de hidrocarburos; esto es, dentro de un territorio no renunciado por Colombia[112].

3) *Bloqueo naval del llamado Segundo Atolón Tomas*[113] (marzo de 2014) pretendido, entre otros por Filipinas y dentro del que se encuentran ricas reservas pesqueras y petroleras.

4) *Construcción de una cadena de islas artificiales* en torno a las *Islas Spratly* (sobre el arrecife Johnson Sur) con el propósito de afirmar la soberanía marítima china mediante la ocupación física y activa de las aguas pretendidas[114]. En tales plataformas flotantes, además de disponer de muelles de atracadero naval y pistas de aterrizaje aptas para la operación de diferentes aeronaves –especialmente militares–, China podrá localizar radares y piezas de artillera de diferente uso y alcance. Territorialmente, las islas construidas hasta ahora significan un incremento del espacio físico marino chino de 20 km² o 2 mil Ha (equivalente a 1500 estadios de futbol).

---

[112]) http://goo.gl/3sCKE1 (18/8/2015).

[113]) *Second Thomas Shoal* (también *Ayungin Shoal*) conjunto de atolones dentro delas *Islas Spratly* situadas a 194 km., al Oeste de Palawan, Filipinas, país que los reclama y que periódicamente solía patrullar.

[114]) http://goo.gl/bEOpOn (18/8/2015).

Está previsto que el proyecto chino de islas artificiales, pronto se complemente con nuevas iniciativas dedicadas a sustentar diferentes actividades de investigación y proyectos productivos tales como zoo-criaderos, extracción y procesamiento de hidrocarburos y de generación de energías eólicas, solar y cinético-marina. Más recientemente, China ha empezado a exportar esta tecnología de punta, ahora para el diseño y construcción de unidades 'urbanísticas planas' soportadas en islas artificiales denominadas 'eco-ciudades'[115].

Desde el punto de vista jurídico internacional estas islas flotantes –conocidas como 'muralla de arena'–acarrean un serio desafío a la doctrina y jurisprudencia repetidamente sostenidas por la CIJ y el Tribunal Internacional del Mar. Las normas del caso prescriben que las mismas ni crean ni extienden la Zona Económica Exclusiva (ZEE)[116] como tampoco constituyen parte de la plataforma continental de un país[117]. Igualmente, tales islas artificiales no pueden recibir la denominación de puertos en tanto están separadas de la costa a partir de la que se empieza a medir una y otra zona marina[118].

El mero hecho de estar tales islas emplazadas en aguas en las que confluyen y se traslapan múltiples plataformas continentales y zonas económicas exclusivas, hace inevitable una revisión de las concernientes normativa y jurisprudencia internacionales. No obstante, el nuevo tipo de estructura compleja –ser más que un auténtico *clone* de una isla natural productiva y habitada– y las funciones militares de tales

---

[115]) La firma *Country Garden Holding* inició la promoción de un mega proyecto en 'Ciudad selva' en Malasia y Singapur consistente en 4 islas artificiales a ser emplazadas en el estrecho Johor. Esta iniciativa estimada en U$41 billones y que abarca un área de 14 km2, comprende la construcción de villas, departamentos, colegios, hospitales, un centro de exhibiciones, un núcleo financiero y un sistema de transporte interno, elevado y subterráneo. http://goo.gl/jqW3we http://goo.gl/TUJwBK (28/2/2016).

[116]) El Tribunal ha ratificado lo sentado en los artículos 56, 60 y 79 de La Convención del Mar. http://goo.gl/2QcEiq (18/8/2015).

[117]) http://goo.gl/CUqVL4 (18/8/2015).

[118]) Artículo 11de la citada Convención del Mar.

plataformas marinas, hacen todavía más perentorio elaborar nuevos marcos jurídico-internacionales al respecto. En tal virtud, a principio del 2013, el gobierno de Filipinas interpuso una querella en contra de China ante la Corte Permanente de Arbitraje de La Haya solicitándole[119] definir si tales artificios marítimos chinos son compatibles con la Convención del Mar que ha sido reconocida por ambos países[120]. De inmediato, China desconoció la competencia de dicho organismo de la ONU para conocer y decidir sobre el asunto[121].

A pesar de haber proclamado repetidamente el gobierno de Beijing que sus islas artificiales no afectan en modo alguno la libre navegación en tales aguas, muchos analistas prevén la inminente declaratoria china de una nueva *Zona de Identificación de Defensa Aérea* (ADIZ) sobre el espacio aéreo que cubre tales plataformas de arena[122].

5) Uso de *drones* para el patrullaje rutinario y preventivo de tales aguas. Dichos dispositivos conforman un capítulo prioritario dentro del programa de desarrollo de sofisticados[123] equipos estratégicos no tripulados de vuelo sub y súper sónico (UAV)[124]. Esta medida es muy similar a la política de patrullaje marítimo (proyecto *Closeye*)[125] confiado a la Guardia Civil española sobre las Islas Canarias en la zona de disputa marítima entre España y Marruecos. Este proyecto prevé, además de drones, el uso de globos, satélites y radares en una zona marítima donde se presume existen ricos yacimientos de hidrocarburos.

---

[119]) http://goo.gl/9mqlDU (18/8/2015).

[120]) Filipinas lo hizo en 1984 y China apenas en el 20062.   http://goo.gl/4BnxTE (18/8/2015).

[121]) http://goo.gl/BSnbQc (18/8/2015).

[122]) http://goo.gl/Ry57Sv (21/8/2015).

[123]) http://goo.gl/9fChRr; http://goo.gl/EEGB95 (18/8/2015).

[124]) http://goo.gl/IQvUWz (18/8/2015).

[125]) http://goo.gl/k33PVP (18/8/2015).

3.6 Un marco jurídico internacional de referencia

El 'precedente' chino comentado resulta ciertamente una alternativa intermedia entre una 'respuesta' convencional o simbólica y la opción extrema de la fuerza o violencia para la solución de diferendos binacionales. Lo anterior, tratándose de disputas limítrofes respecto de las que, o bien no existe un marco amigable de negociación bilateral en torno a las aguas o territorio en conflicto o bien resulta ineficaz una solución jurisdiccional internacional; pero también en aquellos casos extremos en los que confluyen ambas circunstancias. Tal cual ha resultado ser el reciente conflicto iniciado ante la CIJ en diciembre del 2001 por Nicaragua en contra de Colombia y dirigido a buscar una redefinición de los límites marítimos binacionales en torno al archipiélago de San Andrés y Providencia.

En principio tal tipo de intervenciones pre cautelares de soberanía marítima en disputa tienen pleno asiento en el Derecho Internacional Público codificado, en particular en la atrás comentada Convención de Ginebra sobre Plataforma Continental de 1958/1964 (CGPC), primer precedente del actual Derecho del Mar. En el caso colombo-nicaragüense el peso de dicha normativa obraría en favor de Colombia y en contra de Nicaragua. En primer término por ser Colombia signatario de dicha Convención y no así Nicaragua, y sobre todo por tener Colombia definida su Plataforma Continental, Zona Contigua y Zona Económica Exclusiva[126] y aún no Nicaragua quien ha optado por pedirle CIJ que lo haga en su nombre conforme a su primera demanda del 2013.

Dicho instrumento multilateral consagró la costumbre que había empezado a imperar en América, nada más concluida la IIª Guerra

---

[126]) http://goo.gl/N5VCDo (31/3/2015). La Convención fue aprobada por el Congreso colombiano mediante la ley 9 de 1961 (Diario Oficial 30472) que entró en vigor el 10 de junio de 1964. La delimitación de la Plataforma Continental colombiana quedó plasmada en el Art. 10 de la Ley 10 de 1978.

Mundial[127], de establecer el derecho exclusivo de un Estado a explorar y explotar los recursos naturales subyacentes en un espacio marítimo nacional auto definido[128]. El no ejercer alguna de ambas cosas –explorar o explotar– no habilita a terceros Estados a hacerlo sin expreso consentimiento del Estado ribereño y menos aún los faculta para reivindicar dicha plataforma continental. Esto último por cuanto los derechos sobre la Plataforma son independientes tanto de su ocupación real o ficticia como de 'toda declaración expresa' sobre la misma[129].

De igual manera, la Convención englobó en el concepto de 'recursos naturales' toda entidad abiótica (minerales en general) como biótica[130]. De modo más específico, el derecho del Estado ribereño sobre la PC no afecta el régimen sobre las aguas supra-yacentes (alta mar) ni al espacio aéreo que cubra dichas aguas[131]. Así también, el correspondiente ejercicio de tal derecho de soberanía sobre la PC permite al Estado propietario utilizar 'medidas razonables' que, en últimas, no causen un entorpecimiento 'injustificado' de la navegación, la pesca o conservación de los recursos vivos del mar como tampoco de las investigaciones oceanográficas o científicas que se lleven a cabo en tal espacio marino[132].

---

[127]) La más relevante fue la primera 'Declaración Truman' del 28 de septiembre de 1945 (declaración n° 2667, según el registro americano) y la segunda de igual fecha n° 2668 por la que el gobierno de los EUA., auto asumió plena jurisdicción para tomar todas las medidas requeridas para proteger los recursos vivos subyacentes en su plataforma continental estimada en 1 942 500 km². El 26 de octubre de dicho año el Presidente Ávila Camacho de México hizo una proclamación aún más amplia que la estadounidense declarando una Plataforma Continental de 499 mil km². Por un decreto del Presidente Perón del 15 de octubre de 1947, Argentina hizo una apropiación similar. El Presidente chileno Gabriel González Videla procedió en igual sentido el 23 de junio de 1947. Mediante un 'decreto supremo' de agosto del citado año el presidente José Luis Bustamante y Rivera del Perú realizó una declaratoria similar http://goo.gl/B82dL1 (12/11/2015).

[128]) Art. 1° y 2° de la CGPC. http://goo.gl/uyRXbe (12/12/2015).

[129]) Art. 2° § 2 y 3 de la CGPC. http://goo.gl/uyRXbe (12/12/2015).

[130]) Art. 2° § 4 de la CGPC. http://goo.gl/uyRXbe (12/12/2015).

[131]) Art. 3° de la CGPC. http://goo.gl/uyRXbe (12/12/2015).

[132]) Art. 4° y 5° § 1, 8 de la CGPC. http://goo.gl/uyRXbe (12/12/2015).

En concordancia con los anteriores principios, las acciones de defensa precautelar de soberanía estatal en las aguas y recursos subyacentes sobre la aludida PC –como lo hace China en su mar meridional y podría hacerlo Colombia en el Archipiélago- deberían estimarse como 'medidas razonables justificadas' dirigidas a controlar la navegación sobre tales aguas y espacio aéreo. Consecuentemente, como Estados ribereños, estarían plenamente facultados para construir 'las instalaciones y otros dispositivos' requeridos como también 'establecer zonas de seguridad' alrededor de dichas aguas (hasta 500 mt.). Correlativamente, dichos Estados podrían adoptar las medidas y disposiciones necesarias para la protección de estas zonas, siendo su obligación notificar a terceros interesados su instalación y funcionamiento[133]. Entre las potenciales instalaciones y obras de infraestructura física que el Estado ribereño decidiese instalar en dicha PC quedan comprendidas la construcción de túneles apropiados para la explotación del subsuelo respectivo, cualquiera que sea la profundidad de las aguas supra-yacentes[134].

Sin embargo, al tenor de la CGPC, las aludidas instalaciones e infraestructuras físicas jurídicamente no podrían ser asimiladas a islas naturales ni servir de punto base para añadir nuevo mar territorial al Estado ribereño[135]. No obstante, a la luz de las recientes y novedosas tecnologías que se aducen más adelante, se trataría ahora de instalaciones 'inteligentes' capaces de soportar y alentar la proliferación de entidades bióticas complejas tal cual acontece con las islas naturales a las que bien podrían ser asimiladas. De manera más concreta, en virtud de los efectos catastróficos medioambientales derivables de la construcción y operación del pretendido canal interoceánico nicaragüense, la Convención establece la obligación para el Estado ribereño –Colombia en este caso– de adoptar, dentro de la zona de seguridad

---

[133]) Art. 6° § 2, 3, 5 y 6 de la CGPC. http://goo.gl/uyRXbe (12/12/2015).

[134]) Art. 7° de la CGPC. http://goo.gl/uyRXbe (12/12/2015).

[135]) Art. 6° § 4 de la CGPC. http://goo.gl/uyRXbe (12/12/2015).

establecida, todas las medidas necesarias contra cualquier agente (actor) nocivo que pudiera afectar el correspondiente mundo biótico[136].

Así pues el 'precedente chino' implica una alternativa a sumergir en un eterno 'limbo' un diferendo bilateral, introduciendo una dinámica de legítima protección precautelar de soberanía nacional sobre un territorio o aguas marítimas que históricamente han pertenecido a quien así actúa. Tal sería el caso chino y lo es indudablemente el caso colombiano.

De manera alguna esta alternativa no implica descartar un acuerdo negociado en un futuro cuando se dé un nuevo y amigable ambiente negociador binacional que desemboque en un tratado internacional que permita a Colombia 'constitucionalizar' el acuerdo fronterizo finalmente alcanzado.

3.7 Imaginación y audacia

Siguiendo las coordenadas del meridiano 82, hasta diciembre de 2001 aceptado bilateralmente como límite en las aguas en conflicto –el *uti possidetis iuris* de rigor en favor de Colombia–, pero en particular siguiendo los parámetros cartográficos utilizados por la CIJ en su fallo de noviembre de 2012, lo que Colombia podría acometer de inmediato emulando el 'precedente chino', consistiría en las siguientes actuacions:

1) *Construcción de un anillo de islas artificiales de defensa de la biodiversidad del Archipiélago* a ser emplazadas a partir del referido meridiano 82 y contorneando las líneas de los límites negociados con Panamá, Costa Rica, Nicaragua, Honduras, Jamaica y República Dominicana. No obstante todo lo relevante que resulte el precedente chino, la construcción de islas artificiales con el objeto de afirmar derechos de soberanía marítima, lacustre o fluvial, no ha sido un caso pionero.

---

[136]) Art. 6° § 7 de la CGPC http://goo.gl/uyRXbe (12/12/2015).

Conforme a un inventario al respecto existirían al menos 34 países que han recurrido a este legítimo recurso internacional[137]. La novedosa tecnología[138] de los dos proyectos panameños de 'Isla Pacífica' para reafirmar soberanía sobre el canal ampliado es igualmente pertinente[139]. Proyectada al plano comercial y turístico se trata de una tecnología que ya inspira ambiciosos mega proyectos[140].

A diferencia del caso chino (centrado en el petróleo), el objeto del proyecto de islas artificiales de Colombia estaría dirigido a proteger la mayor 'barrera coralina' colombiana o *Seaflower* (349 mil km., y 77% del total coralino colombiano)[141] declarada en noviembre del año 2000 por la UNESCO 'reserva mundial de la biosfera'. La misma se encuentra fatalmente amenazada[142], no solo por las concesiones petroleras ya otorgadas por el actual gobierno de Nicaragua en tales aguas[143] – inversión y explotación a las que ya había renunciado el gobierno colombiano–[144], como por la masiva invasión de los porta-contenedores y demás naves que pudieran utilizar el presunto canal inter oceánico nicaragüense[145].

Las tecnologías disponibles para la construcción, dotación y operación de tales infraestructuras flotantes –entre ellas las megas plataformas petrolíferas– permiten instalar complejos dispositivos marinos que, además de la plataforma física, incluirían anexos donde desarrollar otras actividades económicas, vivienda e investigación científica, p.e. A su turno,

---

[137]) https://goo.gl/qJYX9T (21/8/2015).

[138]) http://goo.gl/nyAQPN (21/8/2015).

[139]) http://goo.gl/p9SyCS (21/8/2015).

[140]) http://goo.gl/V3uJRb (21/8/2015); http://goo.gl/jqW3we http://goo.gl/TUJwBK (28/2/2016)..

[141]) http://goo.gl/wq483q (21/8/2015).

[142]) http://goo.gl/8l5aQw; http://goo.gl/6TYuUr (21/8/2015).

[143]) http://goo.gl/9EZPGD (21/8/2015).

[144]) http://goo.gl/CVBN9A (21/8/2015).

[145]) http://goo.gl/zQXRHM (21/8/2015).

una o varias de tales plataformas deberían ser 'islas solares flotantes[146]' que, además de asegurar un 100% de sustentabilidad a las demás islas, provean en un futuro una total autonomía energética limpia (solar, eólica o marina) a todo el Archipiélago .

Cada plataforma en sí comprendería los módulos de operación y manejo de cada isla, una pista para aterrizaje de aeronaves, muelles de atraco y otros equipos (radares, p.e.). Los 'anexos' servirían para el funcionamiento de los módulos en sí como serían los centros de hospedaje del personal, operación de laboratorios de investigación oceánico-científica; proyectos productivos especiales relacionados con la fauna (zoocriaderos) o flora (pastos, algas y fitoplancton, p.e.) marinas. Los cayos y atolones circundantes proveerían la arena con el fin de hacer tales plataformas todavía más permanentes.

2) Declaración de una *Zona de Identificación de Defensa Aérea* (ADIZ) que abarque el perímetro marino y espacio aéreo del anterior cinturón de islas artificiales. Como ya lo aplica China, toda aeronave o navío que haya de sobrevolar o navegar en tales aguas deberá indicar previamente –a la estación de control de dicho tráfico– la nacionalidad, origen, destino y propósito de su incursión o tránsito.

Por tratarse de parte del territorio nacional, las unidades militares de vigilancia y protección de dicha zona podrán ejercer legítimamente todas las acciones requeridas en caso de no proporcionarse tal información o desobedecerse las instrucciones emitidas por los operadores responsables de la vigilancia del mencionado tráfico.

3- Operación de un 'escuadrón' de *drones* especiales para el patrullaje rutinario y preventivo de tal anillo que apoye los ejercicios navales y aéreos colombianos sobre tal espacio marítimo. Llegado el momento, este tipo de tecnologías debería

---

[146]) http://goo.gl/N7MzxE (2/8/2015).

sustituir los costosos y a largo plazo incosteables patrullajes navales y aéreos convencionales.

En el mapa del anexo n° 2 se muestra un detalle del emplazamiento de tal *anillo* y *ADIZ*.

De cualquier forma, la implementación de un plan precautelar de soberanía como el antes sugerido exige analizar sus principales prerrequisitos. En primer término, resultaría apenas obvio admitir que tal tipo de estrategia supone, además de un efectivo y superior respaldo militar, un todavía más exigente acceso a las tecnologías de base. El caso chino aparece nítidamente claro en ambos sentidos[147]. De todas maneras ambos elementos formarían parte de una estrategia nacional y global más amplia y de más largo plazo. Específicamente, como lo ha hecho China, Colombia debería implementar una política nacional de desarrollo tecnológico y militar basada en un ejercicio de defensa preventiva de soberanía marítima como la aquí sugerida.

No obstante, si bien Colombia podría tener una relativa superioridad aérea y naval y una inicial ventaja en la tecnología de drones respecto de Nicaragua, ambas cosas serían ciertamente circunstanciales. Esto último por no ser Colombia un actor autónomo en la investigación y desarrollo del armamento básico[148] y drones[149] y más especialmente en razón de las muchas alianzas estratégicas que Colombia debería formalizar para incrementar su base innovativa y tecnológica de armamentos y drones.

De otra parte, inevitablemente Colombia debería afianzar viejas o nuevas alianzas político-diplomáticas para asegurar el éxito de su estrategia precautelar de afirmación de soberanía en el Archipiélago. El uso de instrumentos eminentemente pacíficos y finalmente ecológico-sustentables en aguas que históricamente

---

[147]) http://goo.gl/QE0Ba5; http://goo.gl/TN0CfP (12/8/2015).

[148]) http://goo.gl/gmhbV9; https://goo.gl/lYLxVb (12/8/2015).

[149])   https://goo.gl/py0eHL   http://goo.gl/T2pKwH;   http://goo.gl/C3xH5k; http://goo.gl/zp8ujy (15/8/2015).

han pertenecido al país y de las que nunca se ha efectuado renuncia estatal, permiten a Colombia concretar tal tipo de alianzas. Estas acciones pacíficas, derecho legítimo de ejercicio de soberanía y posibles alianzas externas, neutralizarían de por sí cualquier confrontación clásica tipo 'guerra fría'; en particular la injerencia de EUA., Rusia o China[150] en el diferendo.

3.8 Elementos de la política colombiana

La sugerida estrategia de ejercicio de soberanía marítima precautelar colombiana en el Archipiélago de San Andrés y Providencia podría basarse en los siguientes componentes:

1) *Alianzas estratégicas.* Conformación de un grupo de *países socios* de Colombia interesados en coparticipar en el desarrollo e implementación de los tres elementos de la estrategia sugerida: 'anillo de islas flotantes', 'ADIZ' y 'escuadrón de drones'.

Varios serían los países candidatos: China, por la afinidad de intereses y objetivos; España por su mencionado proyecto de vigilancia en las Islas Canarias y sobrada base tecnológica en ingeniería civil marítima; Alemania, Francia, Corea del Sur[151] y Japón[152], países igualmente líderes en ambas tecnologías y con los que Colombia tiene suscrito un TLC (Corea del Sur) y otro en ciernes (Japón).

2) *Plan de estímulos internos.* Adopción de un marco de incentivos fiscales y financieros que motiven y aseguren la participación de los inversionistas y emprendedores – colombianos y extranjeros– en el desarrollo, implementación y

---

[150]) El consorcio candidato a construir el referido canal aparenta una filiación china-hongkongneña aunque en realidad se encuentra incorporado en las Islas Caimán. Ello no permite presumir un interés del Estado chino en dicho proyecto, máxime cuando tal tipo de mega proyectos externos están reservados a empresas de ingeniería estatales chinas.

[151]) http://goo.gl/J27LjS (21/8/2015).

[152]) http://goo.gl/6aCa3X; http://goo.gl/mNAVaA (21/8/2015).

en su caso cogestión de los respectivos proyectos. La magnitud de los recursos requeridos –*know how*, financieros[153] y humanos– para ejecutar tal estrategia alentaría la adopción de dicho 'paquete de estímulos'. La insularidad singular del Archipiélago –cuyas aguas y biosfera serían el meollo final del diferendo binacional–, así lo justifica. Al ser el Archipiélago el primer y casi exclusivo beneficiario de tales inversiones, este plan satisfaría, de una vez por todas, el largo historial de promesas de ayuda incumplidas por parte del gobierno nacional.

En el ámbito financiero, la adopción de este marco de incentivos bien podría contemplar un mecanismo de vinculación y repatriación de capitales colombianos que desde hace años vegetan en el exterior. Una opción podría implicar el pago de una tasa única del 20% o 30% de impuesto de ganancia ocasional por parte de quienes quisiesen aportar tales capitales a los proyectos y empresas del caso[154].

3) *Plan Académico.* Paralelamente, debería existir un denso programa de vinculación activa del sector académico nacional. Mediante el estímulo a alianzas científicas nacionales y globales, se trataría de propiciar el desarrollo y adaptación de tecnologías nuevas y pioneras, algunas de ellas ancestrales originadas en entornos cercanos[155]. Igualmente relevante resultaría el apoyo académico en la capacitación y formación del recurso humano

---

[153]) Cada mega plataforma flotante podría costar U$ 100 millones http://goo.gl/fKqMWi (21/8/2015).

[154]) Existirían diferentes modalidades para ello. Una de ellas podría habilitar a los entes financieros nacionales a captar tales dineros en nombre del fisco nacional. Luego de transferido el importe del impuesto aludido, el saldo a favor del inversor-repatriador podría entregarse en bonos especiales emitidos al portador y ser de libre negociabilidad en las bolsas del país. El autor ha propuesto recientemente un plan de mayor envergadura para la repatriación del máximo de capitales colombianos fugados, sean estos 'verdes', 'blancos', 'marrones' o de cualquier otro color http://goo.gl/ywoa7E (21/8/2015).

[155]) Como la de poblados flotantes en totora llamadas 'Suelos blandos' desarrolladas por las comunidades Uros del Sur del Perú (Puno) http://goo.gl/G8BkPJ o también tradiciones de ingeniería indígena a lo largo del río Amazonas http://goo.gl/otnrae (15/8/2015).

exigido para el éxito de tecnologías tan complejas[156]. Para satisfacer el prerrequisito de auto sustentabilidad, se haría exigible la aplicación de tecnologías energéticas no convencionales como lo serían las 'islas flotantes de energía'[157] de tipo solar, eólica y similares[158].

A nivel político colombiano, la concreción de una política como la atrás sugerida frente al litigio con Nicaragua supondría, antes que nada, un alto y permanente consenso nacional, muy seguramente centrado en un 'pacto de Estado'. Por el mismo, los partidos políticos convendrían en dejar por fuera del debate político-electoral los temas y compromisos partidistas acordados respecto de dicho contencioso limítrofe. Tal acuerdo político permitiría la aprobación de los instrumentos legales y la adopción de las políticas y medidas requeridas.

---

[156]) EL SENA estaría igualmente convocado en tal objetivo en lo relativo a la capacitación de los recursos humanos de nivel básico o intermedio.

[157]) http://goo.gl/IKkOXU; http://goo.gl/GPZThb; http://goo.gl/Ab5Zmb (15/8/2015).

[158]) http://goo.gl/QQjus3 (15/8/2015).

Anexo n°1: *Mapa de 'línea punteada' utilizado por China desde 1947 en sus pretensiones territoriales en el Mar Meridional chino.*

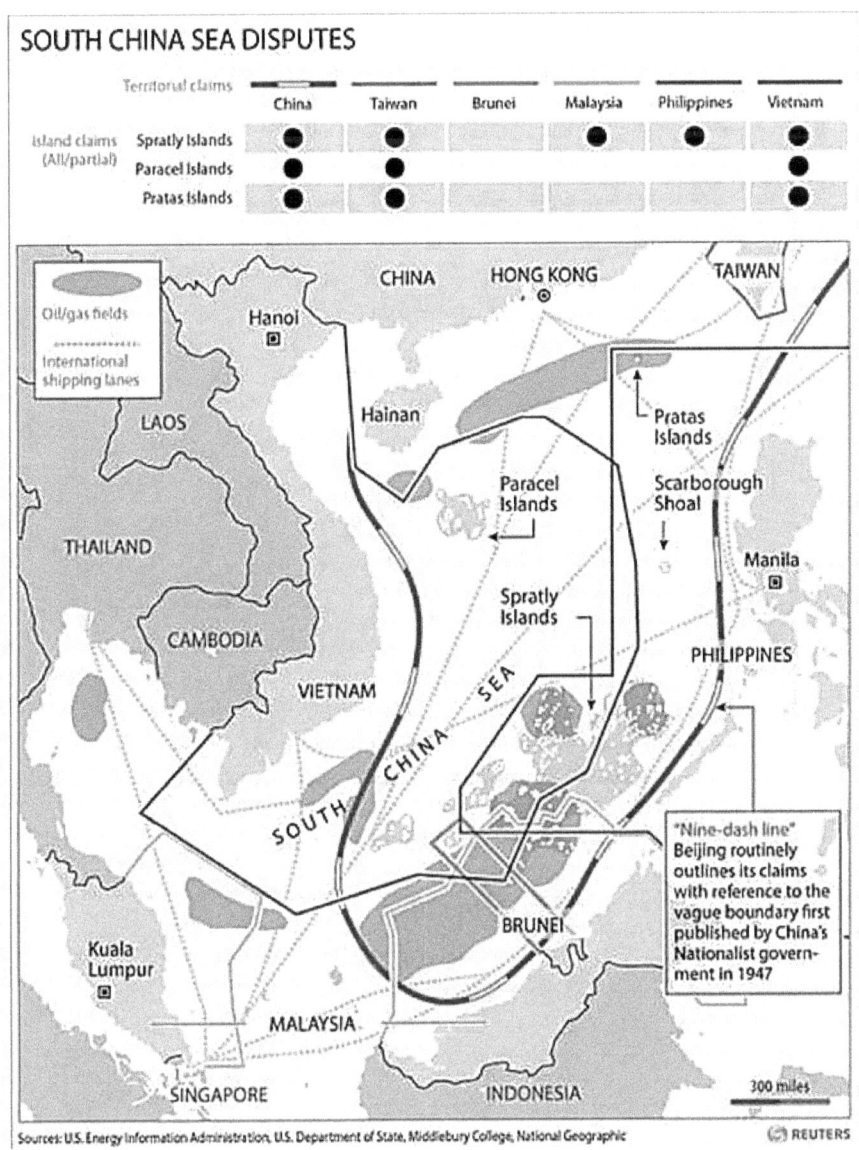

Anexo 2: *Anillo de islas artificiales de defensa de la biodiversidad del Archipiélago y Zona de Identificación de Defensa Aérea* **(ADIZ)**

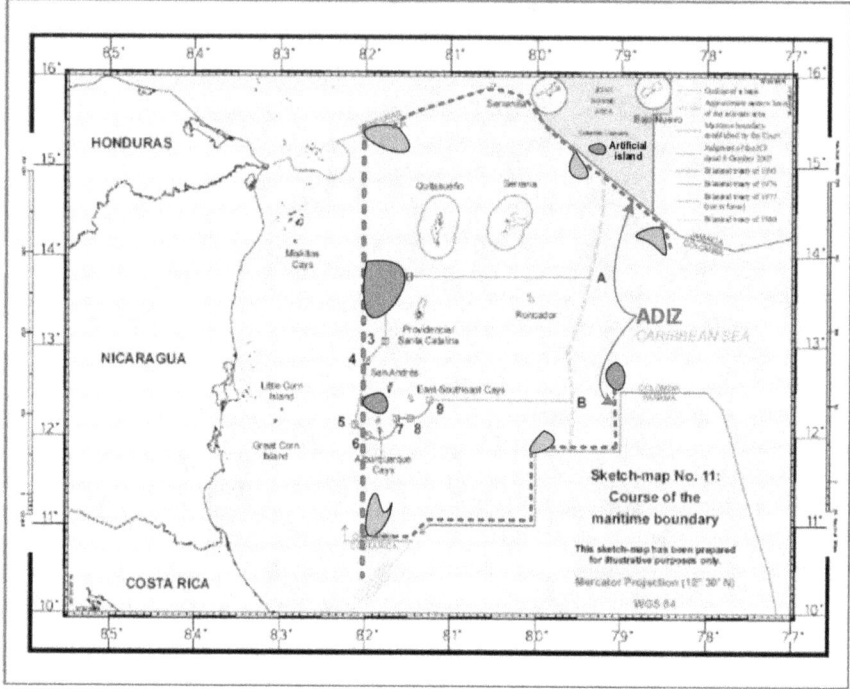

Fuente del mapa: *Territorial and Maritime Dispute (Nicaragua v. Colombia),* Judgment, I.C.J. Reports 2012, p. 714; ;http://goo.gl/A1gBG; también http://goo.gl/QEVyGM (12/01/2013).

www.ingramcontent.com/pod-product-compliance
Lightning Source LLC
Chambersburg PA
CBHW070844180526
45168CB00002B/952